着付け師という仕事

改訂版

杉山幸恵

Sachie Sugiyama

GENTOSHA
幻冬舎MC

CONTENTS

はじめに

あなたは、〝着付け〟が仕事になると思いますか？

「着付けはお稽古や趣味の延長でしかないのでは……」

「着付け教室でお免状をいただきましたが、通用するでしょうか？」

「副業としてならできるかもしれませんが、本業では無理でしょう」

「成人式のようなハレの日にしか呼ばれない、都合のいい存在になるだけ」

思い当たる節はありませんか？

着付け師を始めた頃の私は、まさにそのような悩みもありました。

今は、〝着付け師・ウエディングプランナー〟という肩書きで、花嫁や個人のお客様の着付けをはじめ、結婚式場、レストラン、写真館、貸衣装店、広告や雑誌業界の仕事としてモデルさんや著名人の着

付けも手がけています。

年間約600件、これまで着付けた数は1万件以上。おかげさまで、最近ではジャンルの違う業界から、〝クレームゼロの顧客マネージメント〟について話してほしいなどの講演会のオファーもいただくようになりました。

着付け師になって30年。私も大手着付け教室の分校で習ったことが始まりでした。初めの頃は着付け教室の講師も経験したのですが「自分の生きる道はこれではない」と感じ、20代後半に私は先生業ではなくプロの着付け師になる決意をしました。本格的な仕事として始まったのが芸能人など〝業界〟の方々の着付けでした。ある活躍するヘアメイクさんからいただいたご縁です。現場では着物スタイリストが着物を揃えてコーディネートをしますから、私はその着物をきちんと着付ければいいのです。着物のコーディネートの提案をしても、この世界では余計なことなので却下されましたし、私が着付けをした後、ご自分でちょっと帯を直す方、現場で私の手を払ったり叩いたりする方にも出会いました。この業界での仕事は約10年間でしたが、今振り返ってみると、着付けの技術を磨くことも、個性のある方々への接し方も、すべて勉強だったと思えます。

その後、一般着付けの仕事を始めましたが、現場で通用する着付け師が少ないことに驚きました。たくさんの着付け教室があるのに、その多くは自装中心で、お客様に着付ける他装を習うところなどありません。そこで、私はプロの着付け師を育成して、着付け師の魅力を伝えていこうと考えました。先生業ではなく、現場で活躍するプロの着付け師です。今でも、私の教室に興味を持った方々から、

「着物は買わないといけませんか？」

「パーティなどの催しが多いのですか？　パーティに出席しないといけないのですか？」

と質問を受けますが、そのような不安で着付け師という職業を躊躇しているのならもったいないことです。私の教室では着物を持参しなくてもいいですし、着物を売ることはないと言っています。着物の伝統文化を継承していくことは大切ですが、業界の古いしきたりを重んじていたら新しい着付け師は育ちません。大切なことはお客様に本当によろこんでいただけること。お客様から、

「ありがとう、また次もお願いね」

と言われることが着付け師の価値だと思います。

着付け料だけで勝負していく。そんな潔さがあってこそ技術が向上していくのではないでしょうか。お客様の満足いくサービスをするプロでなければ現場は通用しません。なによりも大切なのはお客様のニーズを引き出せるプロフェッショナルな意識なのです。これまで、たくさんの挫折を繰り返してもなお着付け師を続けてきたのは、この仕事はやはりとても素晴らしい仕事であるということに尽きます。着物への想いを持った方々の人生に寄り添って着付けをさせていただき、お客様の一生に一度の〝ハレ

の舞台〟などにも立ち会えるのですから。着物を自分の手で一つひとつ着付けて、その人を美しく創り上げていく達成感。お客様に対して常に120%のエネルギーを出し、次は「もっと綺麗に仕上げよう」と先を見つめるだけです。この仕事は奥が深く、終わりがないのです。プロの着付け師になれば、「着付けさん、着付けておいて！」とただ着せ付けるだけの現場からは卒業できます。

これからは時代が変わり、自分の実力で勝負するときが来ます。だからこそ、着付け師として自立できるように私の考えや技術をお伝えしたく、本書を上梓させていただくこととしました。着付けの世界は流派が多く、諸説ありますが、着付け師を目指す方や、自分を変えていきたいと思っている方の参考になれば、と心を込めて作りました。今日どんなに苦しくても、明日も笑顔でハレの現場に行かなければならないのが着付け師です。そして、着付け師の現場は今、大事なものを守りながらも、新しい風が入ってきて変化しています。

プロの着付け師になるにはお免状はいりません。むしろお客様の信頼を得ることで、仕事は増えていくものです。自分のファンを増やす接客をとことん追求していけばいいのです。

本書が、現場で通用する着付け師になるための一助となればうれしく思います。

杉山幸恵

第1章

プロの着付け師という職業

私の考える着付け師とは、高い技術力はもとより人間力があって、お客様から信頼を寄せられる着付け師のこと。

この点においては、私はまだまだ満足しておりませんが、クレームゼロの着付けの現場を維持できるのは、目に見えない顧客満足があってこそ。

私が培ってきた着付けに対する考え方や、お客様によろこんでいただけるポイントをお伝えしたいと思います。

魅せる力

Chapter1

自分で着ることと、お客様に着付けることはまったく違う

お稽古着付けではなく着付けの現場で通用する技術が必要

人気のお稽古ランキングなどによると〝着付け〟は上位にランクインしているのをご存知でしょうか？　多くの女性は、七五三、成人式、結婚式……と着物を着た経験から、着物の価値や温かみを自然と覚えているものです。自分では帯も結べずにいるなか、手際よく着せてくれる人がいて、

「昔の女性はこういうことが普通にできたんだろうな」

と、そのときなにかしらの感動を覚えて記憶にとどめているものです。

そして、いつの日か、

「もっと着物に親しんでみたい」

という想いが高まり、着付け教室に通われるのでしょう。

もちろん、私も着付け教室から始まり、講師を経てプロの着付け師として独立しました。

現在では着付けの現場をこなしながら、着付け師のプロを育成していますが、自分で着る自装からこの世界に入り、他装専門の着付け師になった事例といっていいでしょう。

一般的に自装を習う女性は、街で着物を着ている女性や、パーティなどで着物を着ている友人を見て、ぜひ自分も着てみたいと思ったのがきっかけだと聞きます。着付けを習うと、着物を着る機会が増え、おのずとやりたいことも増えて楽しいと言う方もいます。

そう、着付け教室のほとんどが、自分で「着物が着られて楽しい」を目的として、資格制度のような内弟子を募って成り立っているようです。

ですが、〝着付け師〟というのはお客様に着物を着付けるために存在します。自装の教えだけでは、他装ができる人間は育ちません。本来、内弟子育成ではなく、〝着付け師の仲間〟を育てて仕事をしていくべきなのでしょう。

約20年前、そのようなことに気が付いて他装専門の着付け教室を開きました。そのときに感じたのが、自装を完璧に習ってこられた方々が必ずしも着付け師として自立できるとは限らないということです。人に着付けようとしても力の加減から手の使い方まで、何から何まで思うようにいかなくて、その現実に愕然としました。そこで、着付けのプロを養成していかなければ、と思ったのです。

一般的な着付け教室で普通数年以上かけるものを凝縮して、1年で振袖まで着付けられるようにし、その後、花嫁着付けに入るようにします。いかに多く現場で実習を積むかが大切なのです。他装を学ぶ場合は受身ではなく、自分のモノにしていくような能動的な姿勢が必要ですし、何度も何度も繰り返し練習することが大切です。

あなたがもし、着付け教室で基本を学んで、「いつかは仕事として役立てられれば……」と思っているのでしたら、他装の基本をしっかり習得してください。

一般的な着付け教室は、自装についての教えが多く、多少は他装を教えているとしても、現場で通用する技術について教えられているかというと、私は疑問を感じてしまいます。着付けを仕事として考えるのなら、他装の技術を徹底して身に付けましょう。

千人の体を触れば千通りの着付けを覚えられる

プロが着せるのだから楽で着崩れしないのは当たり前です。ですが、同じように大切なことはお客様のなりたいイメージに近づけて、お客様に良く似合って、美しいということです。せっかく着物を着たのに老けて見えたり、太って見えてしまったり、

「私に着物は似合わない」

などと思わせてしまったらいけません。

「着物ってやはりいいですね」

「また着てみたいですね」

と言っていただくために、一回の着付けで結果を出すことが重要になってきます。初対面のお客様であれ、何度も着付けたことのあるお客様であれ、ご用意いただいた着物一式を見て、瞬時にその日のお客様の出来上がった姿をイメージできることが大事です。

たとえば毎日の食事を作るときだって、出来上がりのイメージがないとおいしいものは作

れません。あなたは、お客様の着付けの仕上がりを瞬時にイメージできますか？

そうはいっても簡単にできるものでもありません。一般的な着付け教室では美しさの表現については、感覚的に教えていて、理論的ではなく、曖昧な表現が多いように思います。

「そうね、こんな感じ。綺麗に」

「もっと上品に」

と、わかったようなわからないような。

着付け師は技術力はもちろんのこと〝魅せる力〟も重要なのです。いかにお客様の良い雰囲気を引き出して、個性を魅力的に変えていけるか。魅せる着付け師になるのならば、

「そうね、こんな感じ」

といった感覚で覚えるのではなく、美しく魅せる法則を理論で覚えるようにしたいものです。

着付けは、技術を磨くなかで数々の魅せる法則を発見していかねばなりません。それは、自分自身の好きな着付け方をするのではなく、あくまでも周りの誰が見ても美しいと思えるバランスです。たとえば、

「最近は、衿元にレース、帯揚げにファーを使ったりするような着付けをすることもあるようですけど、私はそういったスタイルには興味がないし、好きではありません」

などと言ってしまう着付け師がいますが、着付けは自分の好みではなく、お客様の個性を引き立て、いかに美しく魅せられるかですから、その点を理解しましょう。着付けを自分のものにしていくためには指導者を手本にし、さらに自分なりの工夫をしていくべきです。美しく見える法則は、第3章で詳しくお伝えいたしますので、ぜひご覧ください。

〝美しく魅せられるか〟といった観点から考えますと、私たちは普段着る洋服から、自然と自分に似合うラインをわかっています。そしてドレスというのは、いろいろなデザインがあり、パターンによってシルエットに変化が出ることも知っています。ドレスがカッティングによるおもしろさや曲線ラインを表現しているとしたら、着物の美しさは直線のラインで表現されると言えるでしょう。

洋服は着る前にデザインが完成されています。それに比べて、着物は着付けによって、その美しさを引き立たせることができます。つまり、すべて着付け師の〝手〟に託されたものなのです。

〝魅力的に変えていける力〟が着付け師にあれば、千人の体を触れば、千通りの着付けをしていくことになります。その千通りの着付けすべてが〝手〟の記憶として残っていき、それがもっと素晴らしい着付けへとつながっていきます。

着心地だけでなく〝ハレの日〟を美しく魅せる

着付けで重要なことは和装ならではの美しい〝バランス〟です。

一回の完成度が高ければ次につながりますから、その着付けの現場をその都度大切にし、お客様から、

「えっ、今までの着付けさんとは違う」

「いつもよりずっと綺麗に着せてくれてうれしい」

と言われるように、着付け師は、ただ着せるだけではなく〝美しく〟着付けて、さらに〝晴れの日の上質〟を醸し出すことが大切です。そのためにも、ぜひ着付けの美しい〝和装美のバランス理論〟を体得していただきたいと思います。

着付け師は、お客様の満足度を高めてはじめて、その日の仕事をまっとうするのです。

たとえば、私はウエディングドレスのデザインから美しいバランスを学び取ることができましたが、それは過去に着付け師の傍ら、関連する仕事としてウエディングプロデュースをしていたからです。

時代背景として、今から20年くらい前は和装よりも洋装の人気が高かったのです。ドレスの知識も含めてウエディング全般のことをわかっていたほうが仕事の幅が広がると感じてのことでした。そういったフレキシブルな行動は今となっては良かったと思います。

以前よりウエディングドレスのレンタルは、たくさんありましたが、その頃オーダーメイドでドレスを作って、結婚式後に返却する〝オーダーレンタル〟という形態はほとんどありませんでした。

「お客様に似合う、その人を引き立たせるものを作ろう」

「ちょっと新しさをプラスしよう」

その思いを胸にドレスの世界に飛び込んでチャレンジしてみました。オーダードレスの製作を間近で見ながら、ドレスの縫い合わせをほどいては裁断やパターンを学び、ドレスの美しいラインを研究することで〝和装美のバランス〟に行き着いたのです。

3年かけてわかったこと、それは女性の美しさというのは胸元から顔につながる首の部分と肩のラインがポイントで、そこを美しく見せるためには全体のラインをバランス良く作っていくことが重要である、ということでした。なにごとも向上心を持って真摯に取り組んでいれば、プラスが生まれてくるのだと、このときに実感しました。

魅せる力

Chapter 1

ドレス作りで意識しなければならないのはデコルテラインと肩のライン。デコルテラインのカッティング一つで垢抜けもするし、野暮ったくもなります。できるだけ、首を美しく魅せる工夫をし、胸元や肩からのラインはやさしく滑らかになるように気を付けます。

着物の着付けも、実は気を付けるポイントが同じだと知ったことは目からウロコでした。洋服のように脚を魅せるわけでもありませんから、着物において魅せる部分は首から胸の部分と肩のラインを品良くキメることなのです。着物にとって、品のある着付けというのは首から胸に続くデコルテラインと肩のラインだということを知っておくことは重要です。

こうして綺麗なもの、美しいものを形にしていくことを覚え、一人ひとりの着付けに応用していく。自分で身に付けたスタイルというのは、自分の過去の経験が積み重なってブラッシュアップされていくものですからぜひ、大切にしていってください。

着物はお客様の体に着付けて差し上げたときに初めて、平面から美しい立体になっていくもの。その価値に気付くと、着付け師の腕はどんどん上がっていき、魅せる着付け師になっていくのです。

和装に洋髪を組み合わせたり伝統のなかに新しさを取り入れる

日本の着物の伝統文化というのは〝着物〟と〝着付けること〟を合わせています。

そのような国は世界各国を探してもないそうです。それだけに、着付けの持つ意味は深く、着付け師も守っていかなければならない伝統を意識していきたいものです。

今、成人式の振袖にはキラキラしたラインストーンを施したり、ファーやレースをあしらいに使ったりと、洋服の延長線のようなスタイルを希望する方が多いですね。それも一つのファッションコーディネートですし、個性を大切にした着付けとして若い人たちから支持されています。

また、結婚式においても、打掛のコーディネートでは、洋髪のヘアスタイルに、洋風のブーケを持つなど、斬新な組み合わせをする方も増えています。

伝統を重んじてきた和装の世界でも和洋折衷が、今や広く認知されるようになり、和装をより親しみやすくさせているとともに、和装のニーズ増加につながっているように感じます。これは着物関係者にとってはとてもうれしいことです。

魅せる力

Chapter 1

10年、20年、いや50年経っても、写真を見たときに、

「この着物は素晴らしいね」

といった、伝統衣装としての普遍的な良さというものを残していたいものです。

ですから、コーディネートで気を付けたいのは、伝統を守りながらも今の時代感覚を取り入れていくような〝少しの外し〟を加えることでしょうか。過剰にならないように、その方の内面にある上品さを浮き上がらせるようなスタイリングをすることです。

たとえば、伝統のなかに新しさを表現するために、花嫁にブーケを持っていただいたり、ネイルカラーをして指先に表情を加えたり、古い着物に現代的な小物をプラスするのも着付け師として一定のルールのなかでできる新しいクリエイティブな部分でしょう。

着付け師は、古典的だと思われがちですが、プロデュース能力を持って自分の発想力をどんどん出していける職業です。そのためにも、日本の文化や伝統に興味を持ったり、名画を鑑賞したり、一流の音楽を聴いたり、文学に親しむことをおすすめします。〝魅せる〟ことと〝教養〟は、別のものではなく、美意識を磨いていく延長線上にあることです。

たとえば、街を歩いてショーウインドウを見ることもセンス磨きには良いことです。そこには短時間で旬の傾向がわかるものが詰まっていますし、街並みの微妙な変化から季節の移り変

わりを見ることもできるからです。繊細な感受性と情報を素早くキャッチする敏感なアンテナが着付け師としての感性を磨き、そこから、自分のアイデアや着眼点が生まれてきます。つまり自分自身の〝美〟の基準は自分で構築していくものなのです。

技術力

Chapter2

プロの着付け師のゆるぎない手技

教科書も、お免状もいらない必要なのはお客様に着付ける技術

着付けは、華道や茶道と同じように、日本人の〝お稽古〟と捉える考えがある一方、〝着付け師〟という本格的な職業として確立しているといった考えもあります。

では、「いろいろなお教室で着付けを学んできました」という方が、職業として明日から現場に出られるかというと、それはそれで難しいのが現実です。

着付け教室で「習いました」という方は、自装はできてもお客様に着せることができません。そのことに気が付いた方は愕然とするようですが、奮起してプロの着付け師になるために他装を習う方はたくさんいらっしゃいます。

どのようなお稽古もそうですが、〝プロ養成科〟を卒業したら「プロとしてのレベルに達

した」と、勘違いする方もいらっしゃいます。でも、それはよく考えてみると国家資格でもない教室独自の資格。現場で通用する基準とはかけ離れていることが往々にしてあるのです。資格が関係ない実力主義の現場で通用する着付け師を目指す方は、教室の勉強が終了したら、現場でのアシスタントを積極的にやって技術の実務経験を積むのがよいでしょう。

技術力

Chapter 2

では、一体どんな技術を身に付ければ、プロの着付け師として通用するのでしょうか。

それは、お客様に対して美しい着映えを実現し、その日最も美しい着物姿を創り上げていくだけの〝技〟を持つことです。

具体的に重要なことが二つあります。着物の着姿というのは土台を整えること、いわゆる〝補正の技術〟が最も大切なことと言えます。次に大切なのは、誰からもどこから見ても美しくバランスの良い〝魅せる着付け〟をすることです。

ですから、プロの着付け師養成の場ではまず、技術を磨くために一番時間を割くのが着付けの土台である〝補正と長襦袢の着方〟というわけです。

その次に時間を割くのは〝バランスの法則〟です。たとえば、着物の柄によっては身長が高く感じたり、低く感じたりしますし、衿抜きから帯の高さ、ヘアスタイルと帯バランスなど、きちんとした理論のもとに創り上げてこそ美しい着物姿を実現できます。

他装の技術はそういったぬかりない〝技〟が必要になってくるのです。

華やかな見映えだけでなく土台となる補正は大事

着付け師が思っている〝魅せ場〟や〝勝負どころ〟はそれぞれ違うかもしれませんが、プロの着付け師にとって、重要なことは着物姿をいかに〝美しく魅せる〟かだけではなく〝着崩れしない〟〝着心地が良い〟なども考えなければいけません。

それにはどうしたらいいのか。タオルや綿を使って体を補正することになりますが、良い補正は、裾よけ、肌襦袢もきちんとしていなければできません。しかも、単にタオルや綿を補充すればよいというものではなく、お客様のボディラインを生かしつつ、着付けた後にその方が最も魅力的な状態になるように計算して、初めて「補正」したと言えるのです。胸元や胴回りだけに集中していたのでは、木を見て森を見ずというもの。同じ人でも、振袖、訪問着、打掛と、着る物によって印象が変わります。さらには着物の素材、ヘアスタイルなど全身を俯瞰して、お客様のその日の衣装に最もふさわしい補正をすることが重要です。

ただし、着付けというのは「〜しなければならない」といったマニュアルに沿って着付けていくものではありません。それぞれの着付け教室ごとに、その流派の〝手技〟をやらなければいけない、と学ぶかもしれませんが、流派の手技よりもお客様の満足が重要であることを私たちは忘れてはいけません。

苦しくなく、一日中着崩れなく、美しく着付けるには紐や帯を〝しっかり締めればいいのか〟ではなく、抜くところは抜く〝力抜き〟が大切です。私は紐だけで締めるのでびっくりされる方もいますが、紐使いだけで苦しくなったりすることもなく、綺麗に着付けができるということを知っておきましょう。そのためには、着付け教室などで自分自身がモデルとなり、紐の締める強さを体験するとよいかもしれません。より理解が深まるはずです。

また、いざ仕事を任されたとき、実際の現場に着くまで、お客様はどういうものを用意されているかわかりません。どんなものであっても、組み合わせて対応できるように、「補正はどうするのか？　タオルで大丈夫か？」または「小道具を一切使わないで紐だけで大丈夫か？」など、起こり得ることをシミュレーションしておくことも、プロの着付け師として求められる仕事の一つです。

どんなお客様にも対応できる技術を身に付けるには、年間100件なら3年程度アシスタントとして現場につくことでしょう。その後、一人前になるまでに最低3年はかかりますが、この鍛錬があってこそ、お客様に満足していただけるプロの着付け師に育っていきます。

教科書は使わない
〝手技〟を生かして完成度を上げる

現場で通用する着付け師になるのが最終目的。そのために、体型の補正や長襦袢の着せ方などの基礎がしっかり身に付いていることが重要であることはおわかりいただけましたね。しかし、それだけではお客様の満足度を上げることはできません。

他装を習われる方は、自装の着付け教室に通われ、一通り学んだという方が数多くいらっしゃいます。自装と他装の違いは前述しましたが、似て非なるもの。自分では着物を着られるつもりでいても、他人に着せるのではまったく感覚が異なるといった現実に気が付きます。そこからが生徒も指導者も新たな学びのスタートと言えるでしょう。

これまで学んでこられた着付け教室ごとの〝手技〟は多種多様。生徒にとって絶対にされたくないのが、これまでの学びについての否定です。ですから、その〝手技〟を理解して生徒をプロの道へといざない伴走していくのがプロの着付け師の指導者です。

たとえば、着付け教室で5年間かけて学んできた方が、修得してきた〝手技〟を否定されてしまったら、「今まではなんだったの」ということになってしまいます。だからこそ、それぞれの〝手技〟を生かし、良いところはそのまま使い、自分に合った着付けを教わるのがベストではないかと考えます。これまで学んでこられた基礎は決して無駄ではありませんから、これからはプラスαの技術に指導者と生徒が一丸となって取り組んでいけばいいのです。また、指導者の着付け方がベストかといったら、そうとは言いきれません。それぞれに慣れた着付け方があるので、それをもっとブラッシュアップする方法を指導者から習えばよいのです。ですから着付けに教科書などはいりません。美しく魅せる〝和装美のバランス〟と、着付けにおいて最重要な基本を学び、今までに教わってきたことをマイナスにすることなく、生かしていける方法を取り入れればよいのです。

そういった状況のなか、現場で通用する着付け師を育成しなければならないのがプロ育成の場。自装の着付け教室のカリキュラムだと、できていようがいまいが先に進んでいきますが、他装の着付け師育成の授業では、次回のためにしっかり復習に力を入れないと先に進めないようにできています。

ですから、授業で理解できないようでしたら、理解できるまで指導者に食いついていくのです。できなければ前に進めないので、重要なところは何回も何回も繰り返し鍛錬していきます。人の話を素直な気持ちで聞き入れ、必死になって練習していけば、技術が向上していくのは間違いありません。

一般的な着付け教室では振袖を着せられるようになるまで数年かかるのですから、花嫁着付けに入っていけるのは相当先の話です。しかし、プロの着付け師になるためには、できるだけ早く現場で実践を積むほうが賢明でしょう。

私自身も早く着付け師になりたかったので練習はもとより、着付けに関してはかなり研究をしました。「どうやったら毎回綺麗にキメられるか、衿も裾も毎回ムラがなく着せられるか」など自分の中でも論理的に覚えるようにしています。

それというのも、私の時代にはプロを養成する場所などありませんでしたから、研究するしかなかったのです。さらに、近年は道具の進化も著しく、お客様ご自身で、いろいろな道具を持ち込まれます。着付け師として、知らないでは恥ずかしいですから、さまざまな道具の情報は、常に仕入れておく必要があります。

「もっと綺麗にもっと綺麗に……」といった向上心が、着付け師を茶道や華道と同じように、さらなる成長へと誘っていくのでしょう。

Chapter3

現場力

プロの着付け師はホスピタリティ能力が問われる

着付け師は先生業ではなくサービス業

着付け師は、先生である必要はないと考えています。

着付け師はお客様に着物を着付ける職業であって、着付けを教える職業ではありませんから、お客様への着付けをまっとうすることが求められます。

人気のある着付け師であれば、一回依頼されたお客様からリピートされますから、日頃の仕事はほとんどがお得意様で成り立っています。

お客様にとっては、慣れた着付け師は、自分の体をよく知ってくれているので安心して任せられます。

お客様から信頼を得るということは、お客様をより理解して、それを〝着付け〟という形にして満足していただくことなのです。

お客様には、ふくよかな方もいれば痩せた方もいて体型もさまざまです。その日の体調の良し悪しなど、すべて考慮しながら着付けの技を提供していくわけですが、そうなってくると現場のコミュニケーションや人間関係がいかに大切か、ということに行き着きます。

若い頃は、

「あなたでは若すぎるから、別の方と代わってちょうだい」

と言われることもあるでしょう。ですが、自分が受けた仕事ですから、

「最後までやらせていただきます」

とプロとして誠意を見せることが重要です。若いときは若いことだけでマイナスからの評価ですから、そこから着付けに入り、30分の間にお客様が満足されるところまで持っていくのです。言葉の一つひとつ、手さばき、鏡に映る自分の表情にも気を配ることでお客様の心を満たしていきます。

現場で「お客様は大切な方」「お客様に喜ばれる着付けをしたい」「お客様の着付けができてうれしい」ということを心から思っていたら、その気持ちが行動に出るものです。

プロの着付け師が先生業でとどまっていたら、お客様の満足度を高めることはできません。お客様の様子を見ながら、ニーズを探りながら、一瞬一瞬鍛錬することが着付け師の技となっていくのです。

たとえば、待合室でお待ちいただく場合、5分でも10分でも待てる方もいれば、1分でもイライラしてしまう方がいます。「何分ならいいのだろう?」ではなく、お待ちいただくのなら、お客様のことを始終考え、気配りをするしかないのです。そして不愉快に思われないように、快くお待ちいただけるように心がけなければいけません。

あなたが、

「サービス業に向かないのでは……」

「いつも気が利かないと言われるし」

などと思っているのなら、こう意味付けを変えてみてください。日々の小さな心配り一つひとつには、それを行うべき意味があると。振り返れば自分のキャリアを築く上で大切なことだったと気が付くでしょう。一生懸命に「この方を美しく着付けたい」と願っているのなら、さまざまな場面でホスピタリティ能力は発揮されていくでしょう。

あなたは着付け師に向いていますか？

はじめは「Yes」が少なくても増やす努力を！

1. 人の話を素直に聞けますか
2. 言われたことを即座に行動に移せますか
3. 自分の仕事に責任が持てますか
4. 労をいとわず仕事ができますか
5. 根気と忍耐力がありますか
6. 現場の空気が読めますか
7. 身だしなみに気を使えますか
8. わがままではありませんか
9. 裏方であることを心得られますか
10. 頭を使って仕事をしますか

Chapter 3 現場力

サービス業に徹するとは相手よりも先に察知できること

関西出身の私は、呉服問屋をしていた両親の、

「毎度おおきに」

「どうでっか？」

と、電話に頭を下げている姿を見聞きしながら、心地良い気配りのある掛け合いが日常のなかに存在する環境で育ちました。自分の育った環境に商いのＤＮＡが組み込まれているからなのでしょうか。私のサービス業の原点はここにあったように思います。


着付け師も〝心地良い気配り〟をすることは同じです。お客様からご依頼の電話が入ったそのときから着付けの現場が終わるまで、ぬかりなく、気配りをしていくことに徹していきます。

お客様は着物を着付けられることに慣れていないので、着付けの当日は疲労を伴います。ましてや、婚礼の場合は緊張や不安な気持ちでいっぱいです。一般着付けでも婚礼の着付け

であっても、どのような場合でも必ず前日にお電話をして、持ち物やお式の2時間前には食事をすませていただくことをお伝えし、さりげなく体調のこともうかがいます。お客様にとっては、たとえ足袋のサイズがワンサイズ大きいだけでもトラブルになりかねませんから。

また、事前の打ち合わせをするときは家族でお見えになる場合も多いのですが、そのときは、さりげなく家族関係を把握して、どなたの発言が重要かを察知します。いろいろと根掘り葉掘り聞き出すことがサービスではありません。必要以上のことを聞かずに、相手のことを拝察し、お客様から言われる前に提示して物事を進めていくのがプロの接客です。

プロの着付け師は技術と接客の両立が大切な仕事ですから、サービス業なのです。

だからこそ私は、1年に1回、現場で活躍している着付け師の技術を確認することがあります。その中に技術だけでなく接客ができているかどうか、そのバランスを見ます。頭を低く、腰を低くして仕事をしているだろうか、マナーはできているだろうかといったことです。

気配りというのは、相手や状況に合わせるのが基本です。相手への思いやりの心があったら自然に出てくる振る舞いではないでしょうか。

本当の気配りとはお客様の要望以上のことをする

人間関係を良好に保ち、お客様に満足のいく接客をするためには〝気配り〟が欠かせません。そのためには、その場の状況やお客様のことをよく知ろうと努め、その場にふさわしい振る舞いをしていくことが大切です。

以前、あるセミナーで、外資系の車メーカーのトップセールスマンが次のような話をしていました。そのセミナーでは車の売り方の話をするわけではありませんでした。特に印象深い話には次のようなものがありました。

「高級車を納車するときには、綺麗にアイロンがあてられた上質なハンカチでドアノブを触るので、ハンカチにはすごく気を遣っています」

この方は、お客様を敬うための表現はなにが適しているだろうかと考え、この振る舞いに至ったとのこと。気配りというのは独りよがりな配慮ではありません。その場、その場で自分に求められていることを察知して、お客様が心の底から喜ぶことをさりげなくできる気遣いのことなのです。

つまり、お客様がなにを望んでいるのか知ろうとする心を持ち、状況に合わせた振る舞いができることです。もちろんそれは相手のことを思いやることと言い換えてもよいでしょう。この方は、お客様に対する感謝の気持ちを上質なハンカチを使った方法で表現しているといった話でした。

このようなこまやかな気持ちがある人というのは、他人から引き立てられ、信頼され、トップへと上っていくのでしょう。トップへ上りつめた人ほど腰が低いと言われるような丁寧な振る舞いの方が多いですね。部下の話にも耳を傾け、相手のことをもっと知ろうと努め、その人がよろこぶような振る舞いをするものです。このトップセールスマンはまさにそういう方でした。

〝真の気配り〟とは、常日頃から内面と外見の両面を磨いているからこそにじみ出るものでしょう。そのためには自分の人生に対する美意識を高く持つことだと感じます。

着付け師も、お客様の大切な着物を触るときは、綿の手袋をして扱うことを基本にしたいものです。

準備は大切ですが、片付けのほうがもっと大切

着付けにおける準備というのは、事前の電話連絡で揃えるものの確認はもちろんのこと、当日、お客様のお宅でしたら、玄関へお邪魔をするところから仕事が始まっていると言っていいでしょう。

まず最初に、お客様のお宅へ一歩足を踏み入れる際には、靴下やストッキングをはいているのがエチケットです。着付けを始める前には、お客様が持ってこられた小物を全部並べますが、小物を出して並べるその立ち居振る舞いにまで意識はいっていますか。お客様から見られている意識を持って、紐一本も丁寧に扱い、着付けが滞りなくできるように準備万端で始めます。

そして、実は片付けがもっと大切だという話をしましょう。

〝引き上げ〟という婚礼業界の言葉があります。現場に最後まで残ってお客様が着物を脱ぐところまでお手伝いすることを言います。これは〝引き上げ料〟と言って料金が発生します。

パンフレットなどに〝引き上げあり〟などという表現で書かれていることもあります。通常お客様はご自分でご自分の着物をたたみますが、お客様によってはたためない方もいますから、着物をたたんでさしあげることも含めて〝引き上げ〟と言っています。ですが、たたんで終わりかといったらそうではありません。

補正用に使ったタオルと使わなかったタオルをわかるようにしたり、脱いだ着物や肌襦袢など洗濯の必要なものは〝要洗濯〟とメモを付けてわかるようにします。そして、最後はお客様に「洗濯の必要なものはメモを付けてありますのでご覧になってください」とお伝えします。ここまでが〝引き上げ〟なのです。

着付け師は、これがどういうことなのかを考えなければいけません。あまりにも当たり前の作業だからこそ、緊張感を持ってできているだろうか、と思うのです。準備や片付けの際、たくさんのコミュニケーションがあれば、それがサービスかといったら違います。余計な事を話さなくても、小さな心遣いと確認するところはしっかり確認して、正確な仕事をしてください。曖昧な部分は残さないようにすることが大切です。

他の誰でもない「この人なら確実だから頼みたい」と思わせるような着付け師になるために、着付けの技に隠れた地味な仕事〝下準備〟や〝引き上げ〟をおろそかにしないようにしましょう。

接遇力

Chapter4

クレームゼロの顧客コミュニケーション能力

「ありがとうございます」を心の底から言ってますか?

お客様から「ありがとう」と感謝をされるために実は忘れてならないのは、自分自身が誰に対してでも「ありがとう」を言えることです。

着付け師は婚礼会場に着いたら、駐車場のおじさんから掃除をしてくださる方、神社の社務所の方、自分の仕事に関わるすべての方へのあいさつが必要です。

「ありがとうございます」を、心の底から言えますか?

その明るいあいさつは相手への気持ちの表れでもあります。

たとえば、日常でもあなたは会社を訪れる宅配便の人にあいさつをしていますか? 同じ

ビルのエレベーターを使う人にもあいさつをしていますか？

昔と異なり、今はメールや携帯電話など便利なコミュニケーションツールがたくさん登場しています。以前ならば、会って互いに顔を見ながら話をしていたことを、今はメールで一方的に伝えるといったことが当たり前。こうした日々の積み重ねによって、あいさつさえもできないようになり、コミュニケーションに苦手意識を生み出して、仕事にも影響を及ぼしてしまうのです。

今も昔もコミュニケーションに求めるものは〝他者との心のつながり〟でしょう。コミュニケーションは表情や声、その場の空気などさまざまな要素の集合体です。

お客様から必要とされる着付け師になるためにも「お客様はなにを求めているのかしら」「こうしたら喜ばれるかしら」と、お客様が幸せになることを真剣に考え、実践していきたいものです。そうするうちに自然と、自分に自信が持てるようになります。

「あなたに着付けてもらってうれしい。ありがとう」

と言っていただけるような仕事をすることが目標でしょう。

細く長くお付き合いいただくには、結局その人の人間性が重要です。技術以上に、自分自身の魅力を磨いていかないといけません。

着付けの現場はステージ 演じることも重要

着付けの現場に出るということは、ステージに立つことと同じだと思います。着付け師は手さばきに〝キレ〟を感じさせるなど動きのある仕事です。自分の動きを想像して身なりを整えていきたいものです。帯を締めるたびに髪の毛がバサッと落ちてきたり、動くたびに目にかかった髪を手でなでつけるなどは不潔な印象です。美しい振る舞いでいるために、正面だけでなく360度、お客様から見られることを意識しましょう。

お化粧はもちろん、髪型、着ている服の乱れ、口元の清潔感など、どの角度から見られても身だしなみに隙がないようにしておくことは大前提です。加えて、着付けをしているときだけでなく、立ち姿、なにか作業をしている姿、表情にも気を抜かないで緊張感を持って美しい立ち居振る舞いをしましょう。また着付け師は、みんな美しい指先をしています。直接着物を触り、お客様に着付けるのも自分の手ですから。もちろん、お客様の肌にも直接触れますから、お客様の視線は必ず私たちの手指に注がれるのです。どうぞ、時間が取れるときに徹底的に手のお手入れをすることを習慣にしてください。手指を見れば着付け師としての心がけがわかります。手指を清潔にしておくと同時に心がけておきたいのが、指輪やピアス、腕時計などの貴金属の掃除。お客様には案外クローズアップされて汚れが見えるものですから注意しましょう。

また、着付け師は鏡を通してお客様の目にさらされていますから、必死な顔をして着付けをしていたらお客様は緊張してしまいますので注意が必要です。

着付け師を始めた頃はこのことに気が付かないものです。以前、婚礼が終わった後に、お客様からVTRを見せていただきましたが、着付け師は裏方であっても映っているということがわかったのです。いつでも自分の姿に美意識を持っていなければ……、と思った瞬間でした。

さらに、どんなにひどい体調でもステージを降りるまでは演じ切らねばいけません。それがプロです。体調が悪くとも、プライベートでなにかあっても、お客様には関係ないことです。プライベートでいかなる事情があろうとも、元気のない顔、不機嫌な顔でお客様を接客することは許されません。着付けの現場は着付け師のステージなのです。

接遇力

Chapter 4

お客様との距離感は〝浮き輪ぐらい〟がちょうど良い

お客様と親しくなってくると、友達のような話し方をする人がいます。親近感を得ようという考えもありますが、あくまでもお客様との一線を越えないようにし、親しくなっても必ず丁寧語を使うことが大切だと思います。また、いろいろと質問をすることがコミュニケーションだと考えるのも違います。前述したとおり、お客様の話に耳を傾けたり、お客様のことをもっと知ろうと努めることは大切です。

お客様が自分から言うことは積極的に聞きますが、その方のプライベートや感情を乱すようなことを話すのは御法度です。現場が和やかになるような、着物の話や、その日のお天気の話などがさしつかえありません。そして、〝はっきり、ゆっくり、丁寧〟に話すように心がけることでお客様の心に届きます。着付け師はお客様を着付けるとき、体を密着させることが多いものです。お客様とは〝浮き輪ぐらいの距離感〟を保つのが、もっとも心地好く感じていただけると覚えておきましょう。

また、会話も前置きとなる〝クッション言葉〟を使うことで唐突感がなくなり、印象が柔らかくなります。

たとえばこのような言葉が良いでしょう。

「申し訳ございませんが」

「ご存知かと思いますが」

「恐れ入りますが」

「おさしつかえなければ」

「よろしかったら」

などです。この〝浮き輪〟の距離感は、心の距離感でもあります。お客様との理想的なお付き合いはプライベートな領域にまで関心を持たないことではないでしょうか。日本には〝親しき仲にも礼儀あり〟という言葉がありますが、自分が言われたくないことやされたくないことは他人にもしないなど、子どもの頃に家庭で教わったことです。思いやりの心が伴ったお付き合いは、やはりコミュニケーションにおいて一番大切なことだと思います。

お客様と一線を引くことで、ほど好い人間関係を保つことができ、それによってまた次回も新鮮な接客ができるのです。

Chapter5

人間力

人間力のある着付け師になる

一流の着付け師になるために人間性を高めることが大切

これまでプロフェッショナルな着付け師になるために身に付けておきたい大切なことをお話ししてきました。よく現場で「美容師さんですか?」と聞かれるので「いいえ着付け師です」と答えます。昔は美容師さんが花嫁支度としてかつらから着付けまでやっていましたが、今は分業化されて〝着付け師〟という職業となりました。だからこそお伝えしたいのは、人としての深みや魅力がなければ長いキャリアを継続させることができない、ということです。

私たちは仕事ぶりと人間的な魅力の両方を備えている人を〝一流〟だと感じて尊敬します。それは、トップアスリートや、トップ起業家といった方々だけではありません。家族一人ひとりの健康を願って献立を考え、全員が気持ち良く過ごせるようにと心を込めて掃除に洗濯にとがんばる主婦の方も、まぎれもなく一流の人間ではないでしょうか。〝一流〟とは限られた人だけのものではなく、すべての人が持っている資質なのです。自分や他人を思いやる気持ち、人への感謝の心、困っている人に手を伸ばせるやさしさ。こうした、人としてのまっとうな心を大切にし、それが身に備わっていることが一流の基本であり、絶対の条件です。現在、「着付け師になりたい」と希望される方は大勢いますが、一般着付けから婚礼着付けまですべての現場に通用する人は、そのなかでも1％ぐらいではないかとさえ思います。

それはなぜでしょう？

まず、私のところに届くメールの文章や、電話の応対が人としての常識に欠けていると感じるからです。また、面接に遅刻をするなど、着付け師になる話をする以前にすでに問題があります。さらには、着物のたたみ方、扱い方が粗雑であれば、そこでその方の着物に対する意識も見えてしまいます。決して、厳しいことを言っているわけでも、難しいことを要求しているわけでもないと思います。着付け師を目指すのであれば、センスを磨く前に自分自身を磨くことに意識を持っていただきたいのです。

お客様の人生の門出に寄り添う着付け師は自分磨きをしてこそ、ではないでしょうか。

人間力

Chapter 5

自分の品性、品格は着付けの表現にそのまま出る

「着物は綺麗なのに品がない着付けに仕上がっている……」

そのように感じることがあります。不思議なことですが、私たちの本来持っている素晴らしい心が着こなしや、着付けにも表れるということでしょう。着付けの表現に着付け師の品性が出るということです。そのことは多くの時間をかけて考えてきました。ヒントは、心の遣い方とライフスタイルのなかに三つあると思います。

一つ目は、心を贅沢に使えるかどうかです。心にゆとりがあると、とっさの判断が求められたときにも相手の気持ちや出来事の背景、この先に起こるかもしれない問題を想像することができます。自分のことや目先のことだけにとらわれずに、さまざまなことに注意や意識を向けていくことができるでしょう。

二つ目は、心を美しく遣えるかどうかです。〝綺麗なものが好き〟というだけで品性が変わっていくと思います。表現に関わる人は美しいと思うものを素直に感じとることが大事で

す。美しいもの、完成されたものは飽きないので、その尺度でものを見てはいかがでしょうか。

美しい心でいる習慣は、自然や動物を大切にする心にも通じます。こういった本質的なものの見方を日頃から磨いていると、審美眼が養われてくるでしょう。なにかを選ぶときも本当に良いものを選べますし、着付けの表現においても素晴らしい形となって表れてきます。日頃から美術館や音楽会などに足を運んで一流のものに触れて、心を美しいものでいっぱいに満たしてあげましょう。

最後は、現実をありのままに受け入れられるかどうかです。人間関係や仕事のことなど悩みやいら立ちは誰にでもあります。それを感情的になって右往左往するのではなく、自分の中でコントロールし、身の回りの出来事をあるがままに見る習慣を身に付けます。嫌な話を聞いたとしても、落ち着いて真実を追求すれば、ネガティブな発想ではなく前向きな心になります。

こうやって、毎日の生活に美意識を持って、振る舞いや心のポジティブなあり方などを磨き上げていきたいものです。

Chapter 5 人間力

人間力を磨くこと お客様の信頼とリピートにつながる

私たち着付け師はあくまでも黒子です。お客様に寄り添い、お客様に喜ばれる最高の着付けを真剣に考えて悩み、心を尽くします。お客様の叶えたいイメージに向けて努力していると、思わぬところで感動の場面に出会ったり、着付けの現場を通じて人間力を上げていくことができるものです。

「この世界では、いつ現場で通用するプロになれるのでしょうか」

と聞いてくる生徒がいます。

キャリアのある着付け師は誰もが、若いときにこの果てしのない世界を「やめたい」と思ったり、自問自答した時期があったことでしょう。

しかし、着付け師の原点に立ち返って考えてみると、この職業は素晴らしいと皆様おっしゃいます。私も今では着付け師の仕事を続けていて本当に良かったと感じています。自分の〝手〟で一枚一枚着付けをし、創り上げた着物姿をお客様に喜んでいただける。こんな素晴らしい意義のある仕事はないと実感しているからです。

表面的なテクニックだけでは信頼関係を成り立たせることは無理です。相手を思いやれるかどうかがポイントです。しっかりした精神を持っている方であれば、自分を大切にしていますから誰をも大切にできます。自分を大切にするというのはなにもあなたの思いどおりに行動すればいいといった甘やかしではありません。感情的にならない、惰性で流されることなくしっかりと自分の足で立っているかどうか、なのです。

「このくらいの紐の締め加減でいかがですか」

と着付けながらお客様の表情をうかがえること。プロの着付け師は技術があって、接客があって、その両立が必要なのです。

「あなたに出会えてよかった」

とお客様の信頼を得られる人間になれることが着付け師の喜び、やりがいの一つでもあります。大きいプライドは成長の邪魔になりますが小さなプライドは励みになります。

人間力を上げていくことは自分自身の成長のためでもあるのです。

七五三編
その1

少女から大人の顔をのぞかせた瞬間

外は青空が広がり風にほんのりと暖かさが感じられる静かな休日、私は7歳のお嬢様の七五三着付けをやらせていただきました。

私はお嬢様に緊張をほぐしてもらおうと、たわいのないことを話し、お苦しくないですか、などと、尋ねながら着付けの手を動かしましたが、このお嬢様は着付けをしている間中、下を向いてなにも答えてくれません。7歳というのは素直になれなくて自己愛が強い年齢なのです。

ところが着付けが終わったその姿からは〝私はもう子どもではない〞といったオーラを発しているではありませんか。こんなに小さなお嬢様でも、着物を着ると無意識に大人の女性を演じていくのではないかと思った瞬間でした。お嬢様はそっと前にある鏡をのぞき、しばらくその晴れ姿に見入っている様子でした。

お母様が、

「○○ちゃん、おめでとう。とっても綺麗よ」

とやさしく声をかけると、お嬢様は軽くうなずきました。

昔は〝帯解き〞といって〝7歳の女の子は大人の仲間入り〞と言われたものです。七五三の着付けでも、7歳の場合は子ども扱いしないで、大人の女性として扱うように心掛けましょう。

Part1

七五三編
その2

童心の心にどこまで思いを馳せられるか

接客とはお客様の〝特別な存在になりたい〟〝大切に扱われたい〟といった無意識の願望に応えることです。この日もそういったお客様の願望に対応できるかを試される日でした。

５歳の七五三のための着付けをしに、あるお宅へお伺いしたときのことです。息子様に着付けをするために近寄ると、息子様は硬い顔をして自分の部屋に隠れてしまいました。

そこで私は息子様の部屋に行き、一緒に遊ぶことから始めたのです。息子様は大の電車好き。部屋にはたくさんの電車のおもちゃがありましたが、まず線路を部屋中につないでその上から電車を走らせました。何周まわっても、何周まわっても、子どもというのは終わりがありません。汗だくになってひとしきり遊んだ後に、

「さあ、○○ちゃん、かっこいい着物を着て、また電車で遊ぼうか」

そう言ってモチベーションが上がっているスキを狙ってなんとか着付けることに成功しました。童心に帰り、息子様と同じ目線になることで、心を開いていただけたのです。

七五三の着付けはどうしても時間に追われがちです。それでも時間が許す限り、お子様のペースに寄り添っていくことが、七五三着付けで最も大切なことなのかもしれません。

第2章

知っておきたい着付け師の基本と心得

着物は日本独特の衣服文化であり、伝統として受け継いでいく作法や意味付け、しきたりなどがたくさんあります。着付け師として頭の中に入れておきたい最低限の知識や、身に付いていなければならない事柄と役立つ事柄についてまとめました。

CHAPTER 1

一般着付けの基礎知識

四季を感じさせる柄や文様は季節を先取りし、種類や格付けには約束があることをアドバイス

着物には、着る時期や場所、目的（T・P・O）に応じて約束事があり、二つの軸があります。それは季節の軸と、晴れ着と普段着といった格付けの軸ですが、これらを理解していれば、お客様のご用意いただく着物にコメントができます。

ここでは、まず季節の軸である柄や文様についてご説明します。季節感を伴う柄に関しては、季節を先取りして装うのが約束事です。

たとえば、桜だけの贅沢な柄の場合は、咲く桜がつぼみから八分咲きまでに着るのが粋な着こなし。梅なら3月とされていますが、新春の頃には松竹梅の意味もあり、梅柄の着物を着ることもあります。桜を含んださまざまな花が混ざっている柄の場合はオールシーズン着られます。最近は温室で花を育てるので、季節の花の知識を持っていないお客様も多いものです。お客様が持参された着物の場合、もし季節感を誤っていたらアドバイスをするのも着付け師の仕事の一つです。

覚えておきたい柄・文様

吉祥文様《きっしょうもんよう》　縁起が良く、不老長寿を願う柄でお祝いの席に好まれます。代表的なものは、鶴・亀・鳳凰・龍・松竹梅・四君子《しくんし》・牡丹・宝尽くしなど。

有職文様《ゆうそくもんよう》　平安時代以来、公家の装束、調度に用いられ中国の唐朝のものを日本化しました。代表的なものは立涌《たてわく》・丸文《まるもん》・菱文《ひしもん》・花菱《はなびし》・七宝《しっぽう》・唐草文《からくさもん》など。

新春から春に着たい柄 ―――― 梅・桜・椿・牡丹・松
初夏から夏に着たい柄 ―――― 藤・紫陽花《あじさい》・菖蒲《しょうぶ》・あやめ・柳
秋に着たい柄 ―――― 撫子・萩・桔梗・すすき・紅葉・とんぼ・若竹
冬に着たい柄 ―――― 菊・南天
古典的な柄 ―――― 短冊・扇・鼓・御所車・源氏車《げんじぐるま》・源氏香《げんじこう》 など。

貝桶 かいおけ
平安時代の遊びの一つ「貝合わせ」は貝で遊ぶかるた。その遊び用の貝を入れておくものを「貝桶」という。この文様は華麗で婚礼の調度品などにも使われています。

檜扇 ひおうぎ
薄い檜の板を絹糸でとじた扇で、平安時代の貴族、とくに十二単の女性が用いる。婚礼衣装にも使われる女性らしい文様です。あこめ扇と呼ばれることもあります。

花車 はなぐるま
御所車と四季の花（桜、萩、梅、藤など）を組み合わせた文様。平安時代に貴族の乗っていた牛車に花を積んだ花車を模様にしたもので、華やかな印象です。

宝尽くし たからづくし
中国の「八宝」思想に由来するといわれる吉祥文様の一つ。如意宝珠《にょいほうじゅ》（願いのかなう珠）、宝やく（かぎ）、打ち出の小槌、金嚢《きんのう》（金銭を入れる袋）など宝物を集めた、めでたい柄。

鴛鴦 おしどり

中国では古くからさまざまな文物にこの文様が遺されています。おしどりは、夫婦仲の良い鳥として有名であるため、花嫁衣装に多く用いられる文様です。

御所車 ごしょぐるま

王朝の貴族たちが外出に用いた牛車のこと。人や牛は描かれないのが普通で、京都御所の周りの風景や車輪をデザイン化したもの。婚礼用など祝儀でよく使われます。

正倉院文様 しょうそういんもんよう

奈良の東大寺正倉院の中に見られる文様です。シルクロードの終着点ともいわれる正倉院宝物には、ローマ、ペルシャ、中国など諸国の影響が見受けられます。

花の丸文 はなのまるもん

花を丸くデザインした形におさめた文様（丸文様）。使われる花は主に、梅・桜・椿・菊など。着物と帯どちらにも使われるので、比較的よく目にします。

有職文様 ゆうそくもんよう

平安時代から朝廷や公家の装飾品に使われていた伝統的な文様です。今では、菱文・唐草文・七宝文・雲鶴文・小葵文などの文様の代表とされています。

鶴文様 つるもんよう

中国では鶴は千年の命を持つとされ瑞祥の鳥と言われています。日本でも美しい立ち姿や飛び立つ姿が好まれ、吉祥文様としてお正月や婚礼などで使われています。

青海波《せいがいは》

同心円に重ねた鱗状の形を一方向に並べた波の文様です。自然の波をモチーフに描かれた柄で、幾何学模様のような美しさが魅力。日常にもよく使用される文様です。

若松《わかまつ》

昔から長寿のしるしとして用いられ、とくに新鮮である若い松を文様化したもので、新春をはじめ、花嫁衣装、振袖、留袖などにも使われるおめでたい柄です。

鳳凰《ほうおう》

古代中国では想像上の動物で、おめでたい鳥とされています。着物のほか陶磁器などにも用いられており、二羽向かい合わせに描いた双鳳凰も有名です。

亀甲文様《きっこうもんよう》

六角形の亀甲はその名のとおり、亀の甲羅の形からの由来です。日本では長寿吉兆の象徴でもあり、「鶴亀」は慶事には欠かせない吉祥文様。亀甲花菱など派生文も多い。

束ね熨斗《たばねのし》

のしを束ねたものを図案化した文様です。「のし」は「伸す」「延す」と同音のため、長生きやご縁を永遠に大切に延ばしたいという意味から、おめでたい柄として親しまれています。

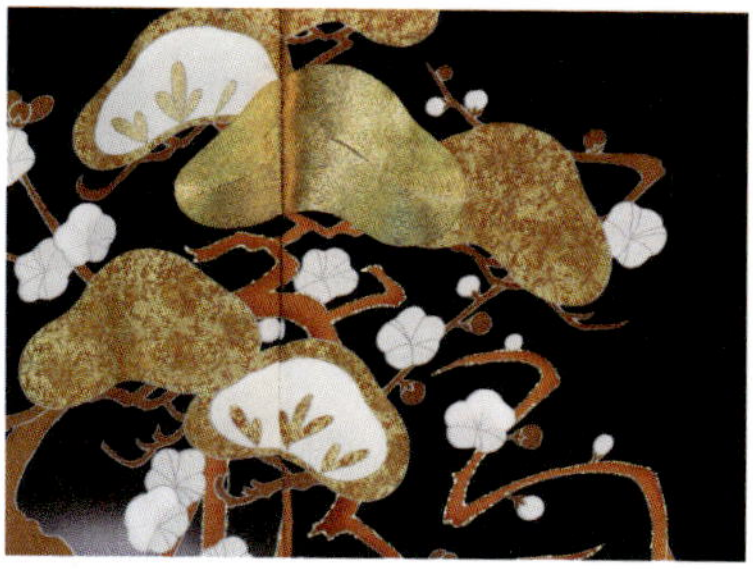

笠松《かさまつ》

松葉を笠のように図案化した松文様の中の一つです。冬の寒さに耐える松は、生命力を象徴すると言われて好まれており、数多く文様化されている植物です。

着物の種類、家紋によって格付けが変わる
帯との着合わせにもルールがあるので要注意

先ほども述べましたが、着物のT・P・Oの軸は、季節のほかに〝格〟があります。お客様も迷うことが多いので、着付け師はきちんと理解しておきましょう。

まず一番初めに〝家紋〟があります。黒留袖、喪服は五つ紋、色留袖は五つ紋または三つ紋、訪問着、付け下げ、色無地は一つ紋が一般的。お客様が理解していなかったらアドバイスを。また、全体で一つの構図になっているような〝絵《え》羽《ば》模様〟は格付けに決定的な意味を持つこと、素材では絹、綿、麻、ウールの格順があり、染色法も友禅や絞りなどは格上となります。帯は丸帯、袋帯、名古屋帯、半幅帯の順です。着物には〝染め物〟〝織物〟がありますが、着合わせは〝染め物〟の着物には〝織物〟の帯が社交着のスタンダードであることは覚えておきましょう。

家紋の格付け

家紋は五つ紋、三つ紋、一つ紋と数が多いほど格が高い。着物の種類と家紋の数で格が違ってきます。とくに正式な祝儀、冠婚葬祭において家紋は重要です。

五つ紋

三つ紋

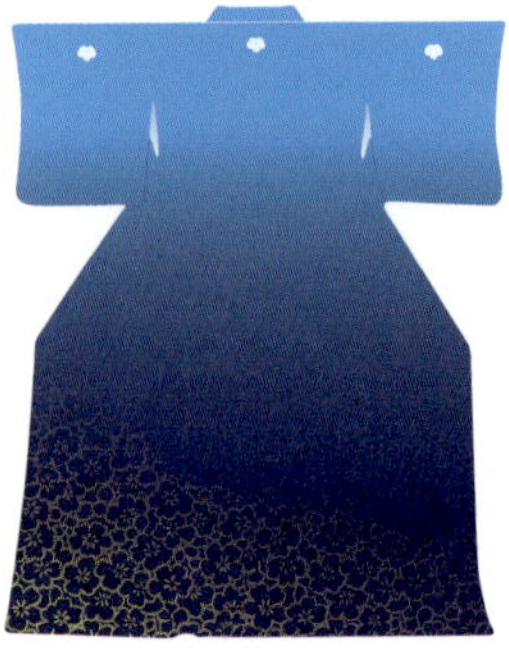

一つ紋

着物の格は礼装と礼装以外に分かれる T・P・Oと格付けを知っておくことが大事

着物は前述の家紋のほか、種類によっても格付けがあります。未婚者の第一礼装として一番格が高いのは本振袖。黒留袖と色留袖、これは既婚者の第一礼装となります。そして、正式なお祝いの席で着用できる五つ紋付きの色地の着物という順になっています。

色留袖に次ぐ格の着物として訪問着があります。振袖では大げさで、留袖では格式張っているというときにその間の着物として作られました。訪問着は、未婚、既婚の区別はなく着られる絵羽模様の着物として、結婚式やパーティなどかしこまった席に行くには重宝します。

付け下げや小紋は、未婚、既婚関係なく気軽な外出着としてふさわしいことを知識に入れておきましょう。

着物の種類	格付け	用途など	T・P・O
黒留袖	既婚の 第一礼装	金・銀の刺繍や吉祥文様などが前裾から後ろ裾に施された絵羽模様、必ず五つ紋が入っている格の高い着物。親族の結婚式や正式な祝儀の席で既婚者が着る黒地の着物。	結婚式、正式な祝儀
色留袖	既婚の 第一礼装 または略礼装	黒留袖と同様に正式なお祝いの席で着られる色地の着物。紋の入れ方によって着ていく場所や格が変わってきます。たとえば、一つ紋にすればパーティなどでも着られます。	五つ紋／正式な祝儀 三つ紋／披露宴 一つ紋／茶会、入学式、七五三など
振袖	未婚の 第一礼装	未婚の女性が着る着物の中で最も格の高い着物。連続して模様がつながっている絵羽模様なので豪華なイメージ。大振袖、中振袖、小振袖と3種の袖の長さがあります。	大振袖／婚礼 中・小振袖／成人式、披露宴、初釜、パーティ
訪問着	既婚、未婚の 略礼装	色留袖、振袖の次に格が高い着物。全体または肩、袖、裾と模様がつながった絵羽模様。さまざまな幅広いシーンで着られるのが魅力。紋を付けると準礼装としても。	お見合い、披露宴、年賀、パーティ、茶会、入学式など
付け下げ	略礼装	既婚、未婚に関係なく外出着として着る着物。訪問着と似ているが、着たときに模様がすべて上を向くようになっており、模様はつながっていない。気軽に着られるのが魅力です。	入学式、友人の披露宴、パーティ、観劇、知人宅訪問
小紋	おしゃれ着	着物のなかでは比較的ラフな感覚で着られる。方向に関係なく模様が全体に入っているのが特徴。洋服に近いので、ちょっとしたおしゃれ着として幅広いシーンで着られます。	お稽古事、観劇、お食事会、同窓会など
紬	ふだん着 おしゃれ着	紬糸と絹糸で織られた着物。渋くてざっくりとした風合いがカジュアルな印象なので、昔は日常着として着られていたが、現在ではおしゃれ着として人気があります。	お食事会、街着、ラフなパーティなど

CHAPTER2

花嫁着付けの基礎知識

着付けの技術だけでなく、式や衣装の正しい知識を身に付ける

着付け師は和装婚礼の最低限の知識を身に付けていないと、伝統的なスタイルから新しい和装のスタイルまでを提案できません。花嫁の衣装が着付けのなかで一番技術も経験も必要です。さらに介添え（アテンド）の知識も学んでおくとよいでしょう。婚礼で着付ける白無垢や色打掛などは重量もあり、補正に多くの時間をかけるので花嫁の気分が悪くならないように気を遣いましょう。また、婚礼の着付けの段取りなど、事前の打ち合わせは必須とされます。

結婚式の種類は、三々九度の杯を中心とした日本固有の式で神前結婚式、チャペルで牧師の司式で行うのが教会結婚式、仏の前で夫婦の結婚を誓う仏前結婚式、伝統を重んじる家で行う自宅結婚式、参列者に対して誓う人前結婚式などがあります。

また、最近では自宅で花嫁支度をした後、ご先祖様や家神様、家族・親族の前で誓いを立てる家婚式（祝言）といった昔のスタイルも人気です。

引き振袖（大振袖）

引きずるほど長い裾にふき綿の入った、赤や金など華やかな振袖のことをいう。黒の引き振袖は江戸後期から昭和の婚礼衣装の正装。

色打掛

金・銀・赤など鮮やかな織り模様や刺繍を施した和装。白無垢の神前式後に、披露宴で色打掛を羽織るケースが多い。最近では神前式で着ることも。格式の高い衣装です。

白無垢

白い打掛を羽織り、掛下、掛下帯、小物をすべて白に揃えた衣装。どんな色にも染まりますといった純白な願いが込められています。

婚礼衣装の各名称

はこせこ
帯締《おびじ》め
丸帯《まるおび》
末広《すえひろ》
長襦袢《ながじゅばん》
懐剣《かいけん》
帯揚げ
抱《かか》え帯《おび》
引《ひ》き振袖《ふりそで》

黒羽二重《くろはぶたえ》
染《そ》め抜《ぬ》きの五つ紋付
長着《ながぎ》
羽織《はおり》
羽織紐《はおりひも》
末広《すえひろ》
仙台平《せんだいひら》の袴《はかま》
畳表草履《たたみおもてぞうり》
長襦袢《ながじゅばん》
掛下《かけした》
懐剣《かいけん》
はこせこ
帯揚げ
掛下帯《かけしたおび》
末広《すえひろ》
白無垢打掛《しろむくうちかけ》

和装婚礼のヘッドドレスの種類

綿帽子《わたぼうし》

白無垢のときに、文金高島田を結った頭の上にやや深めに被る白い布。髪を結っていても、すっぽりと額ほどまで覆い被さるもの。

角隠し《つのかく》

日本的な高い髷を結った髪の上に、頭を覆う形で被る帯状、幅広の布をいう。髪の毛の不浄を隠すためにつけたとされている。

文金高島田《ぶんきんたかしまだ》

花嫁が白無垢や色打掛を着るときの代表的な未婚女性の日本髪。元々は武家の女性や芸妓、遊女の髪型だったが、次第に花嫁のものとなった。

CHAPTER3

着付け師としてのたしなみとマナー

着付け師自身の魅力を高めることがお客様の満足につながる

着物を着付ける現場は地味で淡々としていますが、お客様が華やかに変身してよろこびに包まれる間、着付け師の立ち居振る舞いはすべて見られています。着付け師には習慣として身に備わった、滑らかで無駄のない振る舞いが必要です。そこに日本女性のなんとも美しい慈しみのある身のこなしの核があります。ですから、お客様を着付ける際は、見た目、技術、接客に至るまで徹底しましょう。

お客様の目をまっすぐ見て姿勢良くあいさつができ、笑顔が素敵な女性は、第一印象が良いですね。また、健康的で清潔感があり、話が上手であったり、技術が巧みであれば、いつまでもお客様の印象に残るでしょう。礼儀作法やマナーは自分が恥をかかないためにあるのではなく、お客様と気持ち良くお付き合いするためのものであることを忘れないようにしましょう。

着付け師の事前チェック事項

ヘアスタイル

きちんとした印象になるよう清潔感のある髪型に。ロングの人は結ぶ、垂れてくる人はピンで留めるなどお客様に触れないように。

メイク

お客様にとって第一印象はとても大事。メイクはナチュラルで好感を持たれるようにしましょう。着物に付かないように口元はリップ程度に。

手先

お客様がよく見ているところなので、もっとも気を使うところ。爪は短く、派手なネイルはやめましょう。アクセサリー、時計は極力外すこと。

服装

肌の露出を少なく、派手な色目を避ける。シャツはピシッとアイロンがかかっていて清潔に。現場によってはジャケットを着用する。パンツは動きやすいものが好ましい。靴下または、ストッキングなどを必ずはくこと。清潔感を大切にしましょう。

靴

脱ぎはきしやすいのが一番（サンダル、ミュールはNG）。低いヒールでカツカツ音がしない黒い靴。靴は意外と見られているので、いつも綺麗に磨いておくこと。

着付け師持ち物リスト

クリップ（大中小）／ヘラ数本／裁縫道具／はさみ／メジャー／厚紙（帯板などの代用）／ゴム（枕のガーゼを留めたり・帯に使用）／安全ピン（大小）／ヘアピン（ヘアの乱れの応急や衿留め用）／白い綿手袋（着物・帯の準備のとき）／ビニール袋（靴やゴミを入れる）／扇子（モデルやお客様が暑いときなど）／ウェットティッシュ（手を洗えないとき）／手鏡／補正用（ガーゼ・脱脂綿・タオル・さらし）／綿テープ紐（紐の代用）／白いガーゼハンカチ

お客様の忘れ物対策としてレンタル又は販売する：足袋カバー・伊達締め・紐・コーリンベルト・三重紐

「自分は大切にされている」お客様がそういう気持ちになる表現を

言葉というのは相手の心に直接入り、感情を左右します。会話ではお客様に対して十分に気を配り、とくに初対面の方には不用意な話をしないように気を付けましょう。着付け師はサービス業であると述べましたが、お客様は一流のサービスを求めているものです。お客様自身が〝大切に扱われている〟と感じるような会話や対応をしていけば間違いありません。

とくにコミュニケーションにおける敬語表現は、そのときどきに、ふさわしいものを使いましょう。

一通りのルールを覚えた後、最終的にどのような言葉遣いをするのかは、自分の美意識やセンスにゆだねることになります。なぜならば、若い人が無理に敬語を使うことで、かえって慇懃無礼で冷たく聞こえ、せっかくの真心が伝わらない場合があるからです。

覚えておきたい敬語

敬語には、尊敬語、謙譲語、丁寧語がありますので、よく使う言葉でその違いと使い分けを覚えましょう。

尊敬語	謙譲語	丁寧語
相手または相手に関係ある事柄（動作・状態・所有）に対し、敬いの気持ちを表現するために用います。	自分または自分に関係のある事柄（動作・状態・所有）に対し、へりくだった表現をすることによって、間接的に相手に敬意を示します。	相手に対して敬意を表し、言い回しを丁寧にする。話し手が自分の品位を保つために使うこともあります。

よく使う敬語の早見表

普通語	尊敬語	謙譲語
いる	いらっしゃいます	おります
する	なさいます	いたします
行く	いらっしゃいます	参ります・伺います
来る	いらっしゃいます	参ります
	お見えになります	
	お越しになります	
聞く	お聞きになります	伺います・承ります

普通語	尊敬語	謙譲語
見る	ご覧になります	拝見いたします
与える	くださいます	差し上げます
知っている	ご存知です	存じ上げています
		存じ上げております
食べる	召し上がります	いただきます
もらう	お受け取りになります	いただきます

言葉の言い換えによって丁寧になる語の早見表

きのう	⇒	昨日（さくじつ）
今日	⇒	本日（ほんじつ）
あした	⇒	明日（みょうにち）
あさって	⇒	明後日（みょうごにち）
さっき	⇒	先ほど
今	⇒	ただいま
すぐ	⇒	早速（さっそく）
あとで	⇒	後ほど（のちほど）

5分くらい	⇒	5分ほど
ちょっと	⇒	少々（しょうしょう）
あっち	⇒	あちら
こっち	⇒	こちら
そっち	⇒	そちら
どっち	⇒	どちら
やっぱり	⇒	やはり
あの人	⇒	あちらの方

さらに気を付けたい言葉遣い

＊二重敬語は使用しない。「お読みになられる」など

＊外来語には「お」をつけない

＊よく使う気をつけたい呼称

花嫁様（新婦様）、花婿様（新郎様）、お父様、お母様、お兄様、お姉様、おじい様（おじいちゃま）、おばあ様（おばあちゃま）、おじ様、おば様、ご友人様、息子様（ご子息様・お坊ちゃま）、お嬢様（お嬢ちゃま）など

成人式編

父の叶えたい気持ち

お客様の事情はさまざまですが、いつでもご希望を聞いて叶えてさしあげたいと思い、誠心誠意着付けの仕事をしています。

ある日、お父様から、

「母親がいないため、なにを揃えていいのかわからないのでお任せします」

と、細かい注文はなく、成人式の着付けのすべてを私に託してくださいました。お嬢様を成人までお育てになったご苦労は、はかり知れません。また、お嬢様にきちんと世間一般の成人式をしてあげたい、といった父親としての責任感がひしと私に伝わってきたのです。私はお嬢様の清楚なイメージと、やさしいお人柄を感じ、ある振袖一式をご提案しました。

当日、お嬢様は、

「母がいたら見せたかったです」

そう言って、お母様を偲ばれているご様子でした。

そして、仕上がった姿をいち早くお父様に見ていただくと、

「お母さんにそっくりだね」

と、お嬢様にひとこと。これほどの褒め言葉があるでしょうか。

着付け師は少ない情報からでもお客様の持つ背景を感じ取り、それを着付けや気配りに生かしていくことが大切です。

Part2

十三詣編

盲目の少女の美しい晴れ着姿

「これを娘の十三詣に着せたいのです」

そうお母様はおっしゃって、着物をお持ちになりました。

当日、お会いしたお嬢様は、とても澄んだ大きな目で私を迎えてくれました。そのとき、まだ着付け師として半人前だった私は、いつものように着付けを進めていきました。

途中、苦しくないか伺うと、お嬢様は笑顔で、

「大丈夫です」

とだけ答えてくれました。私は最後に鏡を見ながらお嬢様に、

「このような出来上がりになりました。いかがですか？」

と尋ねると、

「私はよくわからないので母がよろこんでくれたらいいです」

と、答えるではありませんか。するとお母様は、

「この子は目が見えないけれど、この綺麗な姿はあなたの着付ける手から十分感じ取っているに違いありません」

私はハッとしたのです。着付けることに必死で、お嬢様の表情まで読み取る余裕がなかったことを。

若い頃というのは、着付けることに必死で、お客様やその周りにまで目が行き届かないことがあります。お客様の体だけでなく、顔の表情をよく読み取ることもプロの着付け師の仕事なのです。

第3章

プロの着付け師の世界

プロの着付け師はアイデアを持った
〝魅せる〟表現者です。
それは伝統のなかに新しいエッセンスを入れることや、
その人だけの〝オンリーワン〟を創り出すこと。
さらに、プロの着付け師が考える
〝和装美のバランス〟が生きて
完成度を上げていきます。

CHAPTER 1

コーディネート力

お客様のなりたいイメージを尊重して組み立てていく

コーディネートはお客様の年代や好み、そして格も大きく関わってきますから、まずはお客様のご要望をよく聞くことです。お客様は着物を自分らしく、個性的に着こなしてみたいと願っていますから、それにお応えしていくべきでしょう。

たとえば、和の正統である日本髪の凛としたスタイルが良いのか、着物に洋髪を合わせるスタイルが良いのか、お客様の雰囲気を見ながら、着付け師自らが提案していきます。着物は色の面積が広い分、近い色で合わせるときや、柄同士で合わせるときには、色の選び方がポイントです。着物の華やかさや個性のもととなる色や柄、格などを理解していれば、それに合わせる掛下、比翼の色、小物、ブーケ、髪型なども想像できます。着こなしはコーディネートでガラリと印象が変わりますから、着物だけでなく、髪型から小物まで、360度全身を見て、飽きのこない美しいバランスを体得しましょう。

色打掛

モダン

Modern

古典

Classical

引き振袖

引き振袖

伝統柄を引き立てるしごきと線香花火のブーケ

オーソドックスにコーディネートした赤引き振袖の例

〝松竹梅菊文様〟は、赤く染め上げた縮緬地に、肩から裾にかけて日本で古くから歳寒三友と言われたおめでたい柄。重ねられた羽二重が花嫁をより一層たおやかに見せてくれます。帯締め、帯揚げを同系色でまとめると、しとやかな印象。

本格的な赤の引き振袖を着付けと小物合わせで変化

裾を引く姿が艶やかで、優美な印象を与える引き振袖は花嫁の憧れの着物です。ましてや、鮮やかな赤地に古典文様はめでたさの象徴でもあり、周りの人の目を引くでしょう。

コーディネートでは、赤色が幼く可愛いといったテイストにならないように、小物の合わせ方を工夫してモダンにもスタイリッシュにもしていきましょう。花嫁らしく凛とした中にも上品で豪華なコーディネートがよろこばれます。通常のコーディネートでは、金箔が入った帯

はこせこ、抱え帯などで表情を変える

婚礼衣装では通常５点セットと呼ばれる、はこせこ、懐剣、抱え帯、帯締め、扇子があります。これらの持つ影響力は大きく、差し色として着物の色や柄との調和を考えてコーディネートしましょう。

シンプルな帯に華やぎを加えて

着物のコーディネートの要となる帯の組み合わせ。着物と馴染む色にするか反対色に合わせてアクセントにするかで大きく変わっていきます。今回は、しごきを入れたことで、新しいスタイリングが完成しました。

や金色の帯締め、帯揚げ、懐剣も同じように金色で合わせます。

しかし、ここでは赤の引き振袖のオーソドックスさを払拭するために帯をシンプルにして帯締めを赤、はこせこと懐剣は、しごきと色を合わせた物を使用し、ヘアスタイルを大正モダン風にすることで若々しい雰囲気に。手に持ったブーケは線香花火をイメージし、髪飾りの花と呼応するような表現をしました（78、79ページ参照）。メイクも赤の着物に合うように、白肌のトーンをワントーン上げて透明感を出すことで、より一層のゴージャス感と艶やかさを醸し出しました。

色内掛

有職文様が織りなす和の美意識と小花刺繍半衿、ゴールドの伊達衿で華やかな演出

紅葉、松、鶴などの有職文様は格調高く、婚礼ではことさら映える

掛下の上に羽織る打掛は、白以外のものを総称して色打掛といいます。色地に刺繍や染め、箔などの技法で鶴亀、鳳凰、松竹梅といった、華やかで縁起のいい絵柄があしらわれた伝統的なデザインです。色打掛は、全身背中まで総柄でそれは豪華。アンティーク衣装であっても、時代を超えた新しい装いに見えるのは、小物使いやヘアアレンジによって全体のコーディネートにモード感を足しているためです。現在、色打掛は日本の花嫁さんからはもちろん、海外では観賞用としてとても人気があります。

アンティーク衣装だけがもつ
佳き時代の華やかさと
現代的な小物使いでセンスアップ

年代もののかんざしと
花飾りを合わせたコーディネートで
優美なスタイリング

CHAPTER2

美しさの黄金比

［振袖編］

和装美ならではの魅せる法則を押さえて着付ける

着付け師は技術力はもちろん、〝魅せる力〟も重要です。いかにお客様の雰囲気と個性を尊重して、美しく着せられるか。

私は過去に、着付け師の仕事と並行してウエディングドレスのデザインを学びましたが、そのときに顔から胸へ続く首のラインと肩のラインこそ、女性を美しく魅せるポイントだと気付きました。

そして、着付けの技術を磨くなかで、その他にも〝和装ならでは〟の魅せる法則を発見しました。着物は、３６０度どこから誰が見ても美しく、安心するバランスがあります。

胸の前から首のゾーンや衣紋《えもん》抜きから帯の高さ、ヘアスタイルと帯のバランスを〝美しさの黄金比〟と言って、一番綺麗に見えるバランスの法則としました。そのポイントを意識して、着付けることで仕上がりはグンと違ってきます。

全面に総絞りが入った豪華な黄色い振袖と唐織の帯は、お嬢様の美しい佇まいを引き立たせています。鮮やかな古典的な文様が大人になった艶やかさを表現してくれるとともに、人生の佳き日を祝福します。古典柄には日本人が古代から大事にしてきた想い、幸せを祈る気持ちが描かれています。お母様がこの着物を選んであつらえたお気持ちが伝わってきます。

前中心の三角形の黄金比

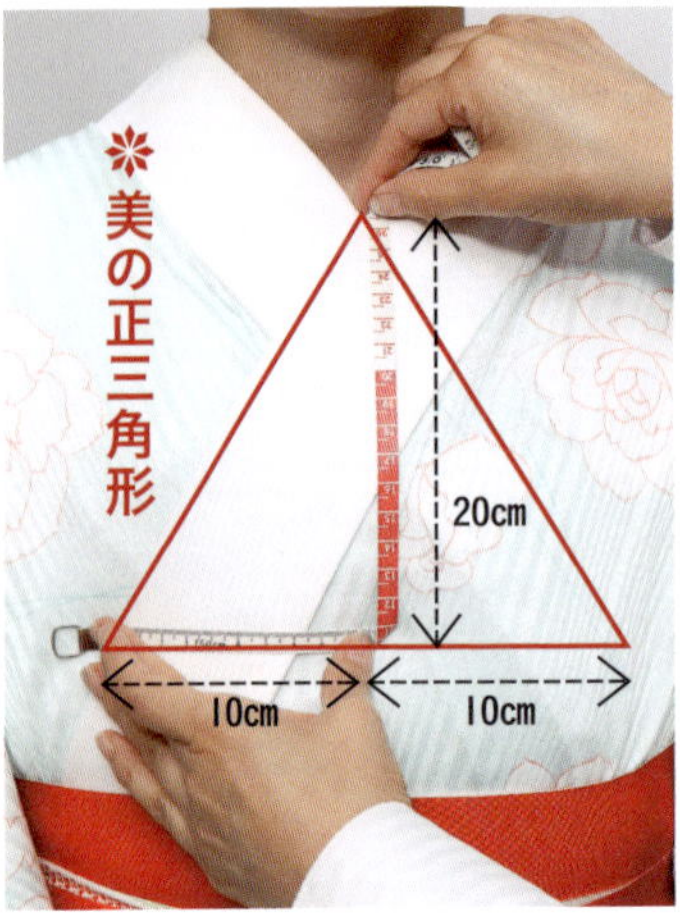

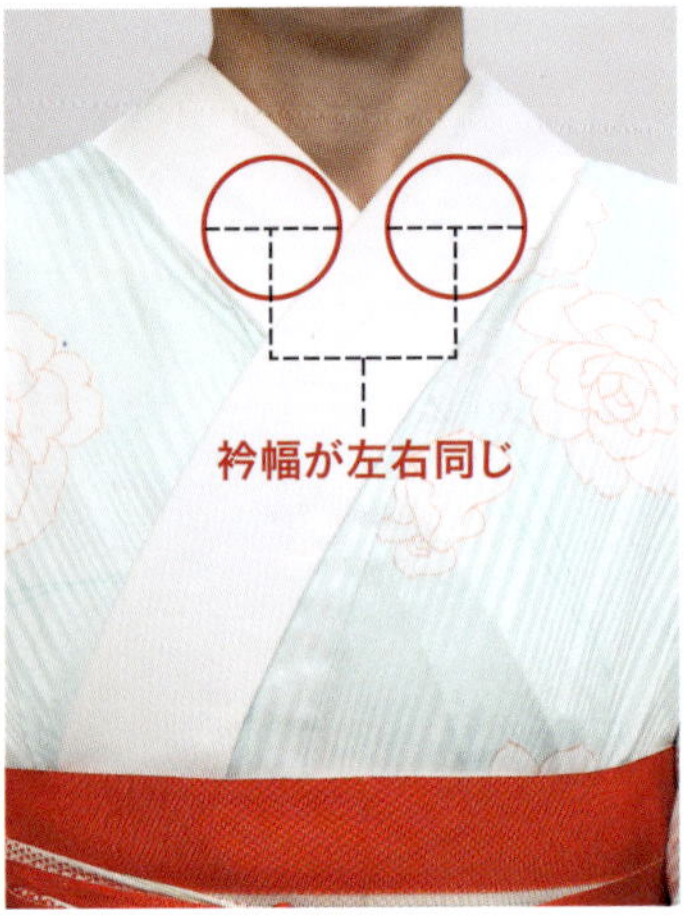

衿元をきちんと美しく見せるためには、決まった数値で衿を合わせる必要があります。最も美しいバランスは、合わせ部分から垂直に下ろして、高さ1（20cm）：胸の幅1（20cm）の正三角形が良い。衿幅も左右同じになるように事前の半衿付けが重要です。

おはしょりの和装美バランス

振袖の場合は、手のひらを開いて衿合わせから帯幅の中心まで、帯幅の中心からおはしょりまでが1：1だと美しいバランスになります。ただし、身長が低い場合には、おはしょりを少し短めにするほうがバランスが良く見えるでしょう。

長襦袢・着物の合わせと帯幅の和装美バランス

着物の要である衿元は、きちっと合わさっていることが重要。長襦袢と、着物の衿合わせの中心線が綺麗に揃い、縦に一本線を引くと帯のラインと垂直になっているのが美しいでしょう。帯も真っすぐ美しいラインにするには、左右の幅が同じに揃っていることがポイントです。

帯・帯締めの和装美バランス

柄をセンターではなく左右に外していきましょう。帯締めの華の部分であるリボン部分が柄の少ないところに配されることで、柄、結び部分の両方が映えてきます。また、帯締めをアレンジする場合は、高さを帯幅のセンターより少し上にしましょう。ラインを上げることで下半身が長く見え、全体のバランスが良く見えます。

完成！美バランス

帯の黄金比

帯は単に着物を固定して安定させるためのものではなく、着物にとって重要なアクセント。帯の表現が大きすぎても着物とのバランスを欠き、小さすぎても存在感がない。ちょうど良いのは後ろから見て着物の腕の幅から出ないようにする。また、横を向いたときの美しさは、とくに大切で、頭から二等辺三角形が描けるようにしましょう。

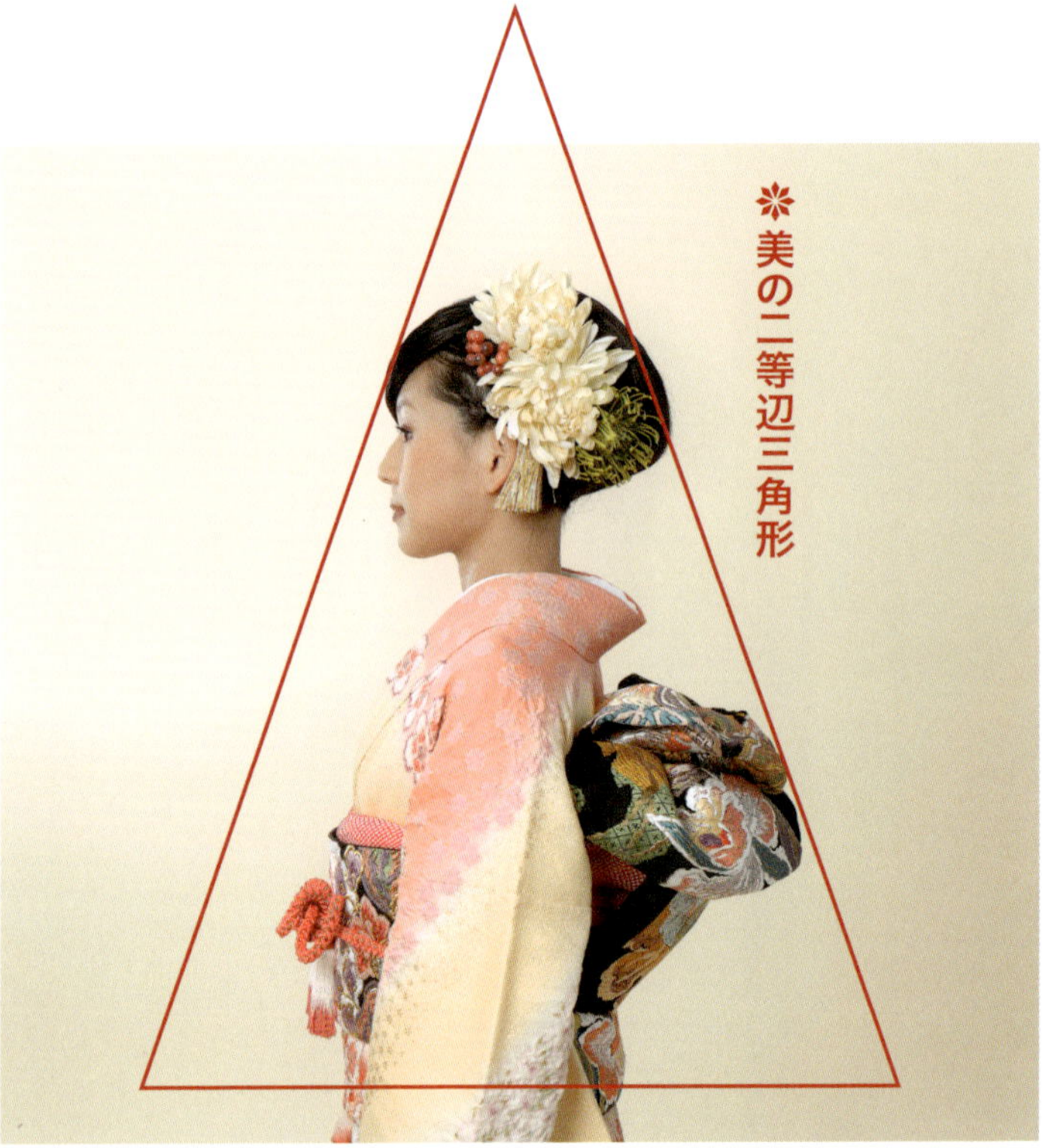

完成！ 美バランス

美の二等辺三角形

ヘアスタイルの頂点から垂直に下ろした線を高さとすると、底辺を考えてそこから二等辺三角形が描けるようにする（赤線）。さらに衣紋《えもん》と帯の頂点を結んで二等辺三角形ができれば美しい形と言えます（青線）。

CHAPTER 3

美しさの黄金比

［白無垢編］

古典でありながらモダンな表情も楽しめる白地の打掛

日本の伝統的な結婚式では、白無垢を着ます。白という色は、日本において神事の色、神聖な色とされながら、同時に明治以前は、喪の色でもありました。だから白無垢にも、嫁ぐ家の家風に染まる、「一度嫁入りしたら、二度と生家には生きて帰らぬ」といった封建時代の考え方が表れています。結婚に対する決意と覚悟が込められた装いです。

正式な婚礼衣裳としては、角隠しや綿帽子をかぶったスタイルで挙式をしますが、近年では洋装での白無垢スタイルも提案しています。その場合は、ヘアスタイルも着物に合わせてバランスを整え、メイクも白塗りではなく自然な肌色も一般的になるなど、白無垢の伝統を守りながらも現代女性が自然に身につけやすいコーディネートでまとめました。着物はそれ自体が強い表現力を持ったものです。仕上げたいイメージに合わせて全体コーディネートを考えていきます。

白糸と薄い藤色の花柄で織り込まれた柄がより華やかさを引き出す作品。藤色が愛らしさを与え、優しい印象にしてくれます。白無垢は羽織るだけでその場を清々しく変えてしまうパワーがあります。白無垢の品格を引き立てるように、帯や小物にいたるまですべて白一色で統一した格式高い婚礼衣裳です。

白無垢は和装の挙式のみに許される衣装です。より美しく見せるためも「バランス」が重要です。「その方にとってなにが似合うか」を探りながら、小物や髪型の黄金バランスを使うことで最終的な印象が変わっていきます。

日本髪の場合の黄金比

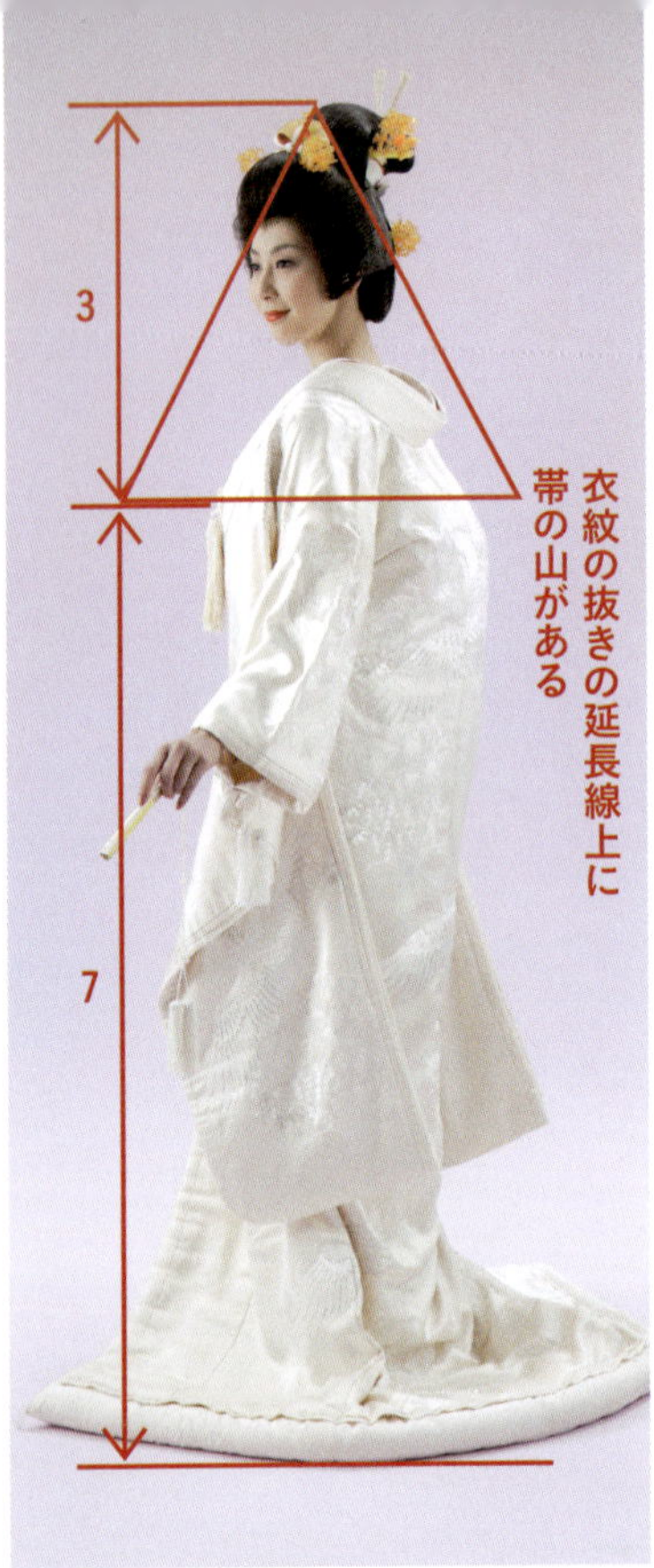

日本髪の襟足の部分から衣紋を通り、帯山から一直線と、頂点から胸山、胸山から床までを3：7のバランスに。

綿帽子の場合の黄金比

※美の直角二等辺三角形

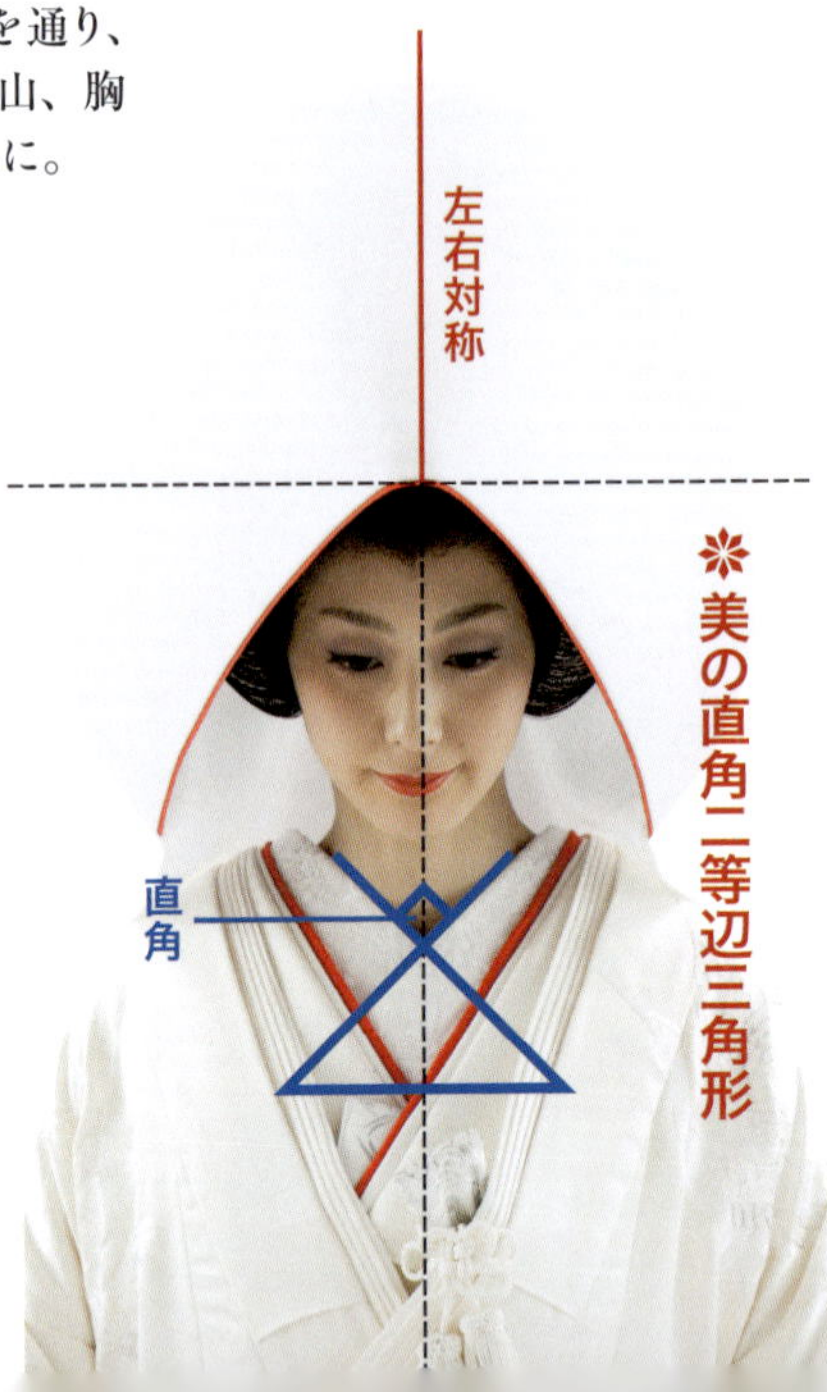

衿元をきちんと美しく見せるために合わせ部分から垂直に下ろし直角二等辺三角形で、左右対称、首の合わせ部分は直角に。

懐剣・末広・はこせこの和装美バランス

高さをそろえる

末広、はこせこは、打掛合わせ部分から平行に頂点の高さがまっすぐに揃うように挿します。懐剣はその平行ラインと同じ高さに。

洋髪の場合の黄金比

鼻先と耳上の延長線上にヘアトップがくるように

鼻、耳上を通ったラインでアップに。大振りの花や和を感じさせる小花で丸いフォルムを。

完成！ 美バランス

CHAPTER4

美しく見せるテクニック

美しく、着崩れなく、そして楽に着付ける、絶妙な技

着付け師にとって重要なことは〝着物をいかに美しく〟〝着崩れしない〟で〝心地好く感じてもらえる〟ように着付けられるかです。苦しくなく、一日中着崩れなくするには、〝力抜き〟といったテクニックが必要ということは前述していますが、紐をしっかり結べばいいということではないことを、この章でぜひ具体的に覚えてください。

また、着付け師になるまでに、誰もがつまずくところがあります。

たとえば、長襦袢の着せ方や衿合わせなど、何回やっても浮いたり、ぴたっとできなかったり、お尻のシワ、おはしょりのシワなどにもつまずくことがあるようです。空気を抜くようにしながら着付けるようにしましょう。なかでも土台づくりが、着崩れを起こさず美しく着ることにつながる基本であることは、前述させていただいたと思います。

ここでは、美しく、着崩れなく、楽に着付けるポイントをお伝えします。

着物全体に広がる大輪の菊の模様が印象的。帯は本物の孔雀の羽が織り込まれており、その豪華さは追随を許さない存在感です。浮き立つように咲き誇る菊の花びらと孔雀の競演が奥様をエレガントに演出しています。普段はご自分でも着物を着こなすそうで、「粋に着こなすには、苦しくなく、自然にまとえ、着崩れないことが大事」がモットー。今回は伊達締めと紐だけの着付けが本当に楽だと驚かれ、着付け次第で人に好印象を与えるということも感じられたそうです。

着崩れしないためのテクニック

着付け師にとっては、「ここさえうまくいけば完璧」というように、誰にとっても難しいポイントがあり、それは振袖であっても、小紋、訪問着、紬など基本的にはどれも共通。衿合わせが浮かないことから始まって、おはしょりのたるみや、帯の形付、バランス、裾のラインなどです。ポイントを押さえることで、前から見ても横から見てもシワにならない着付けが完成され、どの角度からも美しい仕上がりになります。とくに、おはしょりの部分はいい加減にしてしまいがちです。

下前のおはしょりはわきと身八つ口の始末をきちんとすることで見え方がまったく違ってきます。後ろのシワもわきまで持ってくるテクニックで、綺麗な始末をしてこそプロの着付けに仕上がります。

難しいテクニックI 裾合わせ編

1

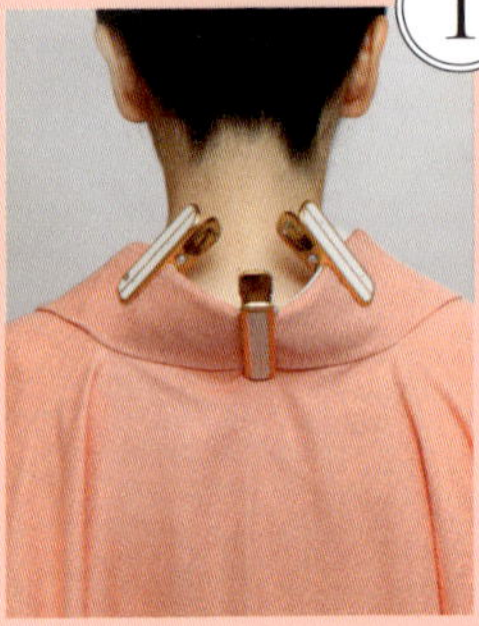

最初に長襦袢と着物の後ろ衿がずれないように、きちんと合わせて三点をピンチ留めします。

2

上前を一度内側に入れ、床からの裾の位置を合わせていき、上前幅を決めます。

3

手を床と平行に動かすことが大事です。後ろは床すれすれ、前は足袋すれすれで裾の位置を決めます。

POINT!

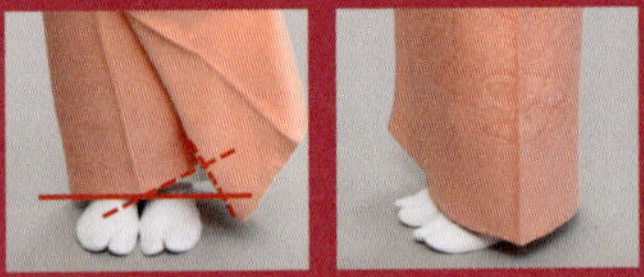

下前は見えないように少し斜めに上げておき、わき線は真っすぐにします。

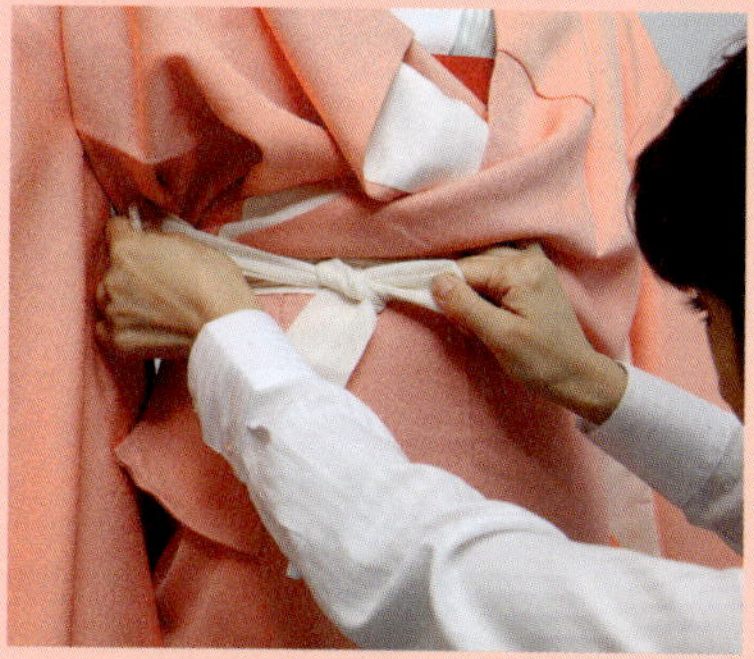

後ろのシワをとり、上前のシワを伸ばして整え、腰紐でしっかり結び留めます。

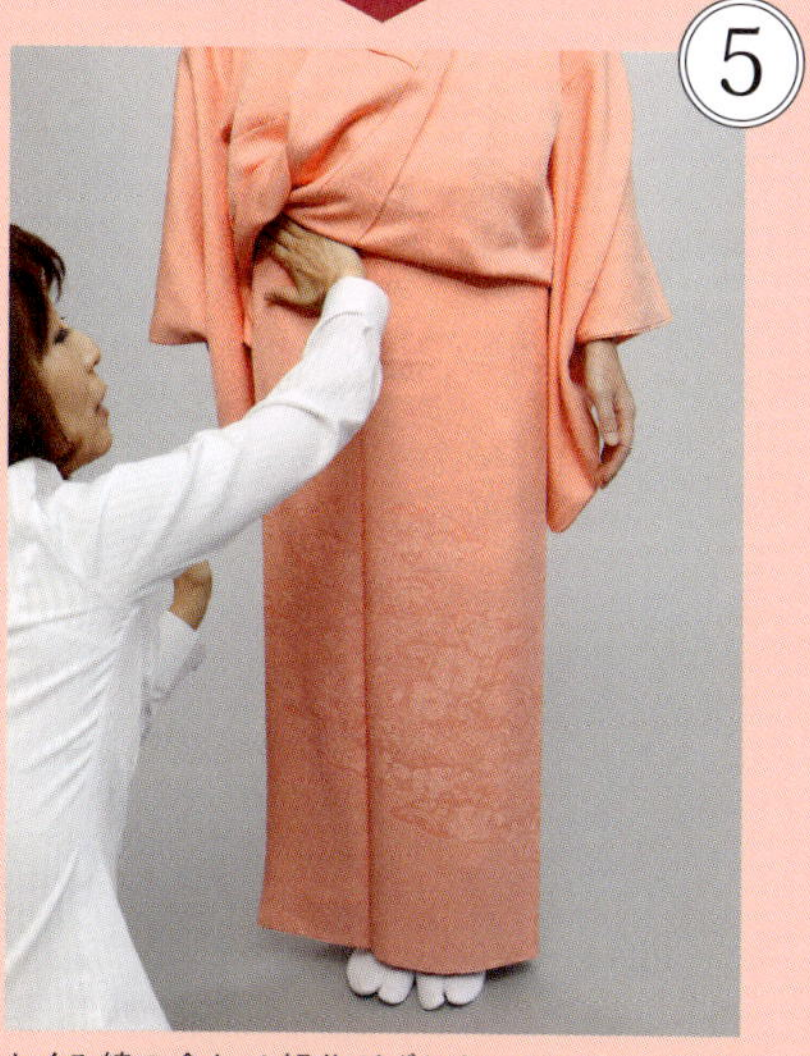

おくみ線の合わせ部分がずれないように、シワをとって平らになるように整えます。

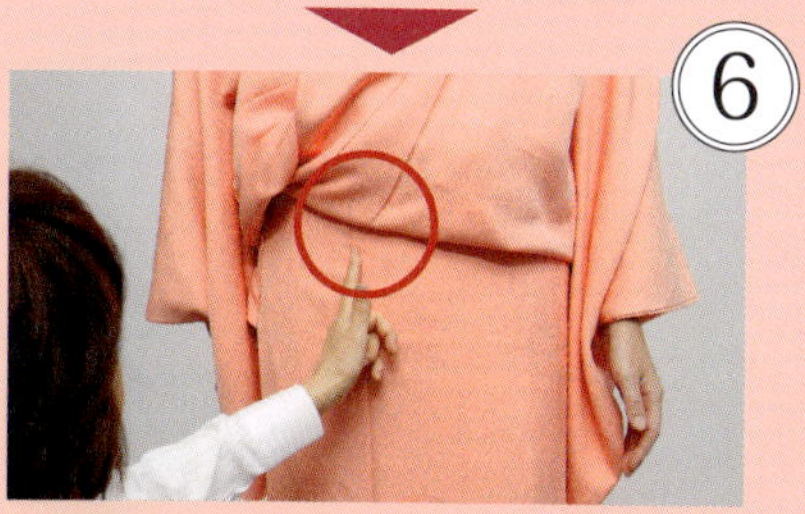

おくみ線の合わせ部分がきちんと合っていることが重要です。

POINT!

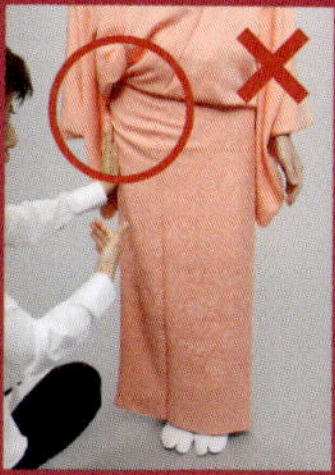

上前の裾だけ最後に上にあげようとすると、シワがよってしまって綺麗に布目が通らない。

着付けでもっとも大切なのが、おくみ線が真っすぐになるように布目を通すこと。これは、裾合わせの際、上前幅を決めてから手を平行に合わせていかないと垂直に仕上がりません。

おはしょり編

おはしょりのたるみは見苦しいので、横から見たときにいかにスッキリ見えるかに注意し、わきの始末、身八つ口の始末を工夫します。

①

衿元が整っているかを確認し、胸下位置を紐で結び固定します。

②

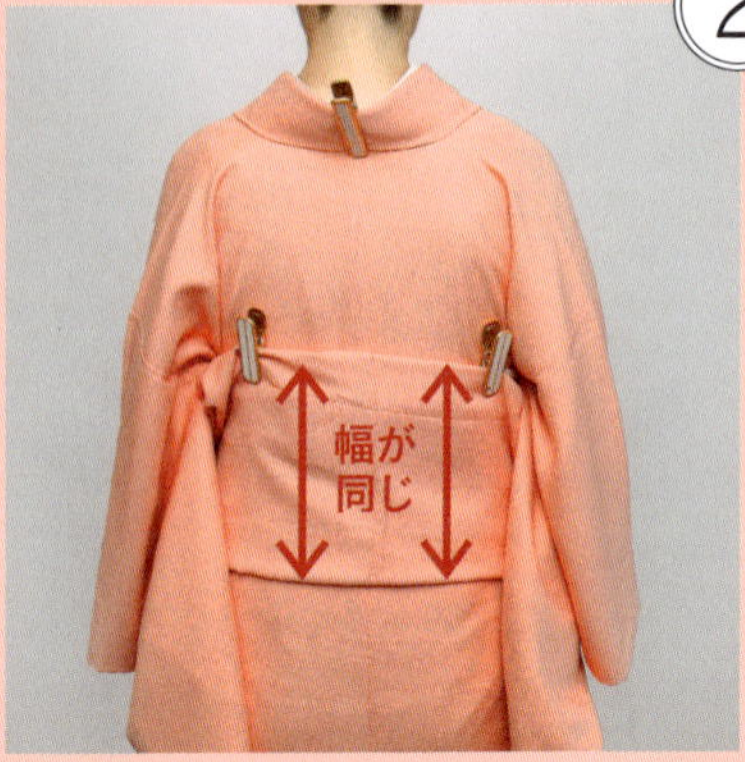

後ろのおはしょりを平らに整える。背中心のラインは真っすぐ、左右の幅も同じにします。

③

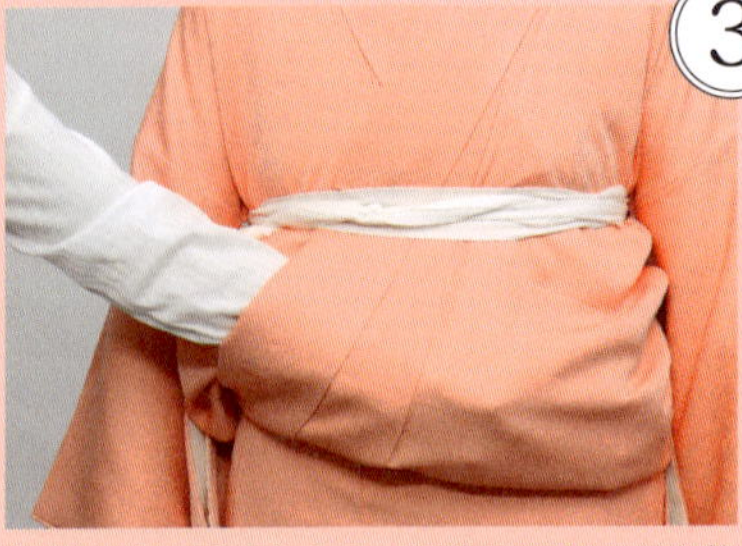

おはしょりに手を入れて、下前のおはしょりを整える。

POINT!

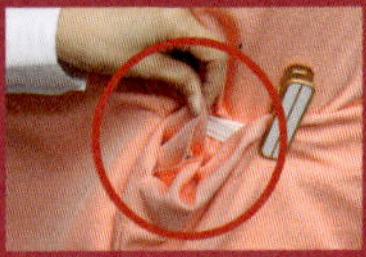

このように身八つ口から出すことで下前がスッキリ。

④

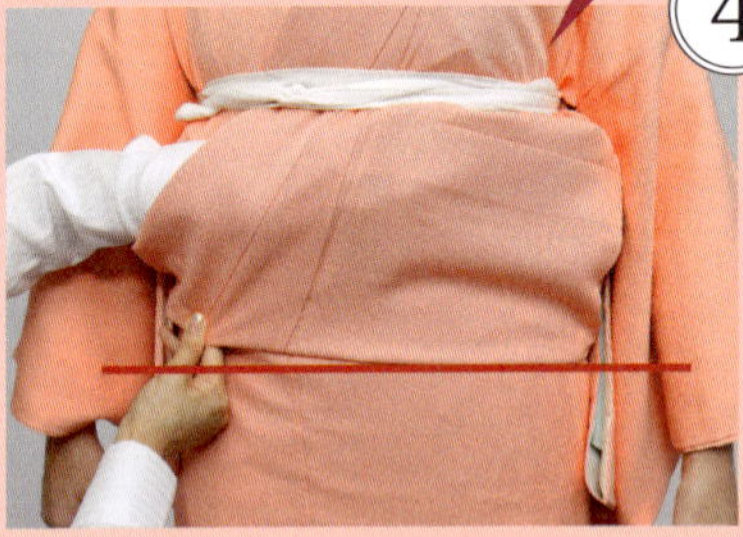

整えた下前のおはしょりを向かって右側の身八つ口から出し、後ろのおはしょりの上げた部分と一緒にクリップで留める。

⑤

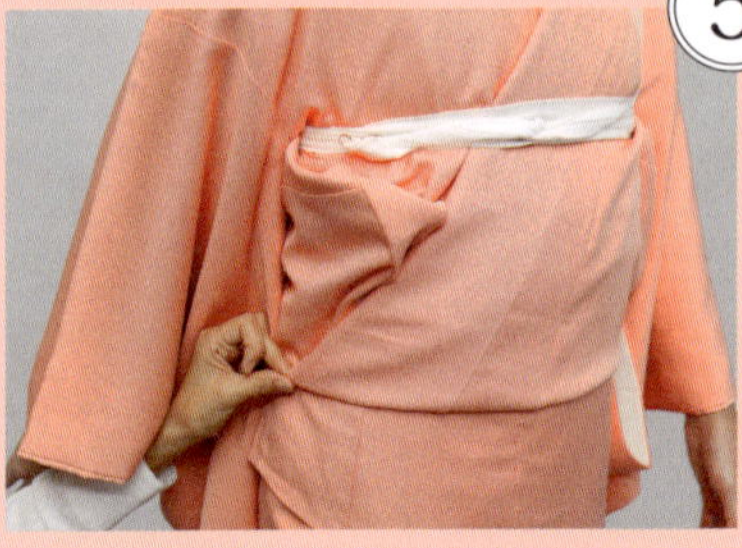

向かって左側は後ろから持ってきた余分を綺麗にならしながら上前のおはしょりの中に入れ、ラインを真っすぐに整える。

6

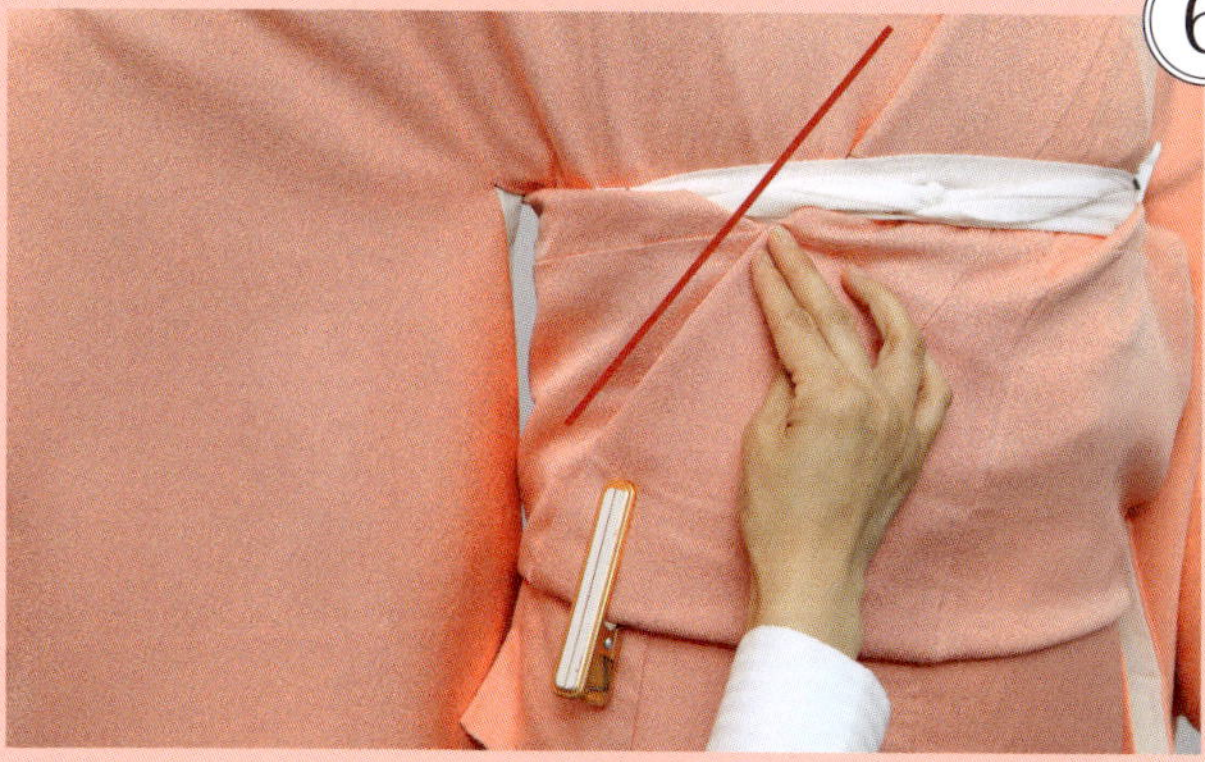

おはしょりをならしながら整えたら、衿元からつづく合わせのラインを真っすぐに。

7

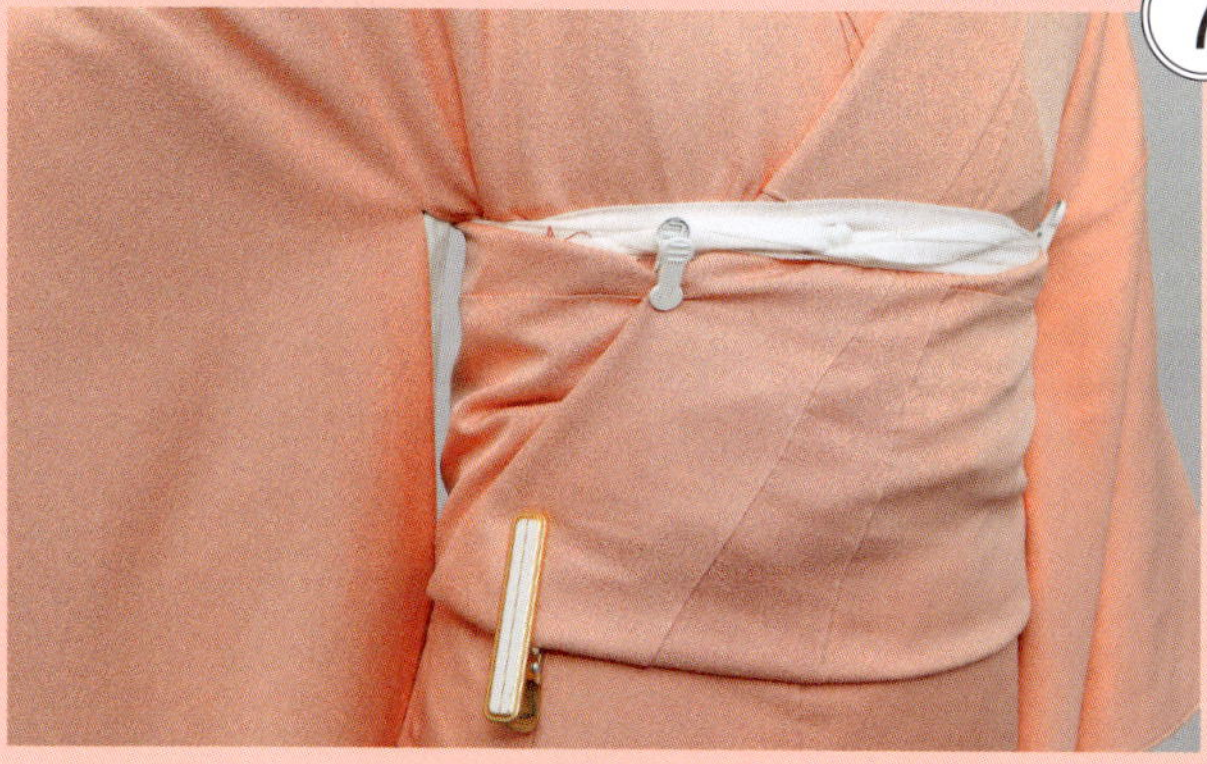

シワ、たるみ、ラインを整え、ピンで留めて固定します。

8

おはしょりのラインは整えて真っすぐに！

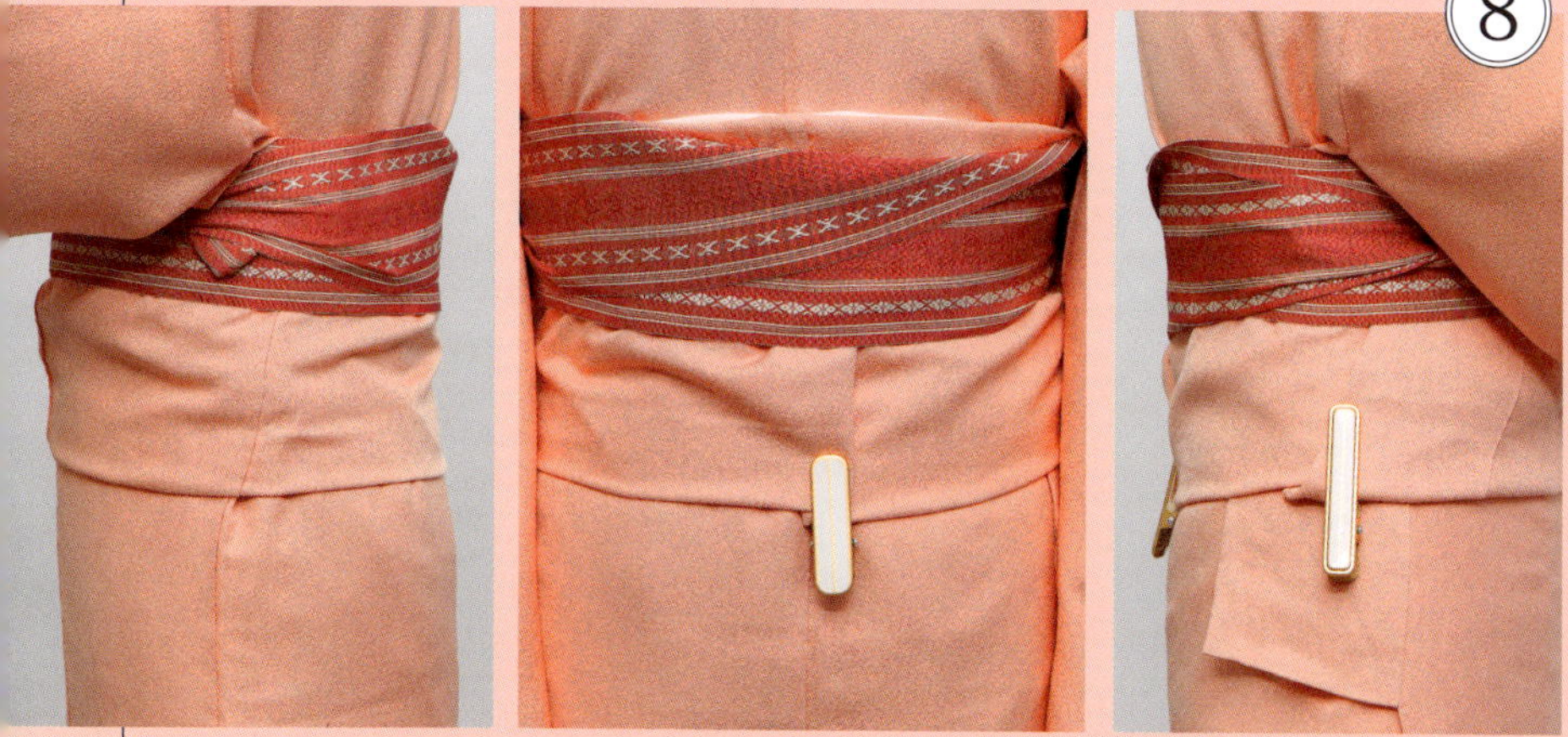

伊達締めを巻いて、全体を整える。前後左右、どこから見てもスッキリと真っすぐなラインに仕上げます。

帯編

帯は着物において、もっとも華となります。帯の手先の始末、付け方など少しの工夫で、お太鼓をスッキリ、ふっくら見せられます。

✽帯は手先を下へ引く

結ぶときは、上下に引っ張ると思っている方が多いようですが、右手でタレを支えて、左手で手先を下に引くようにしましょう。

✽帯の手先の余りを折り込む

分厚いお太鼓にしないためには、手先のあまりを二つに折るのではなく、内側にしっかり折り込んで綺麗に始末します。

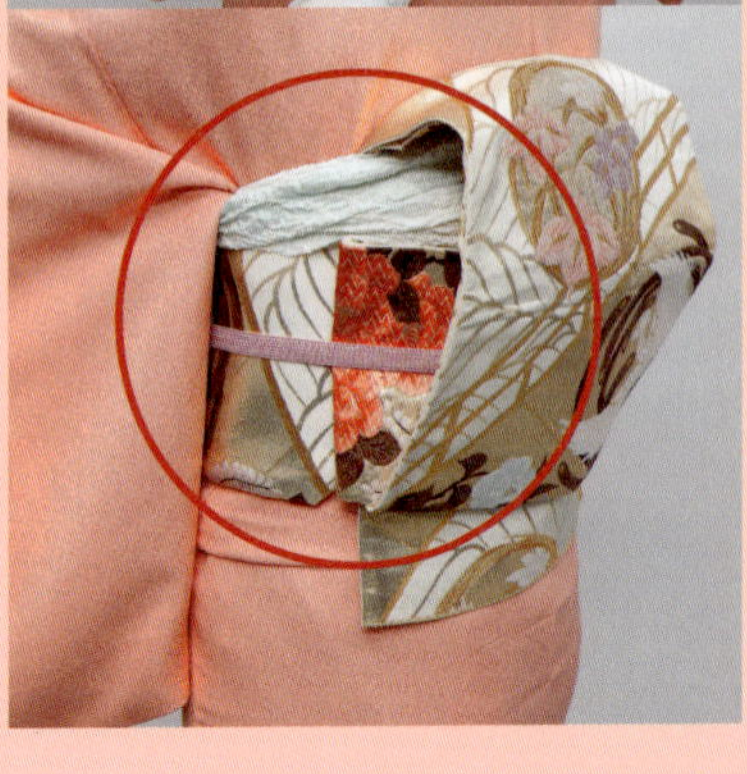

✿お太鼓結びは一度天井を向ける

お太鼓を作るときに、しっかりシワを伸ばしてから帯枕の裏を一度天井に向けてからくっつけると、背のほうにピタッと沿ってスッキリ見えます。

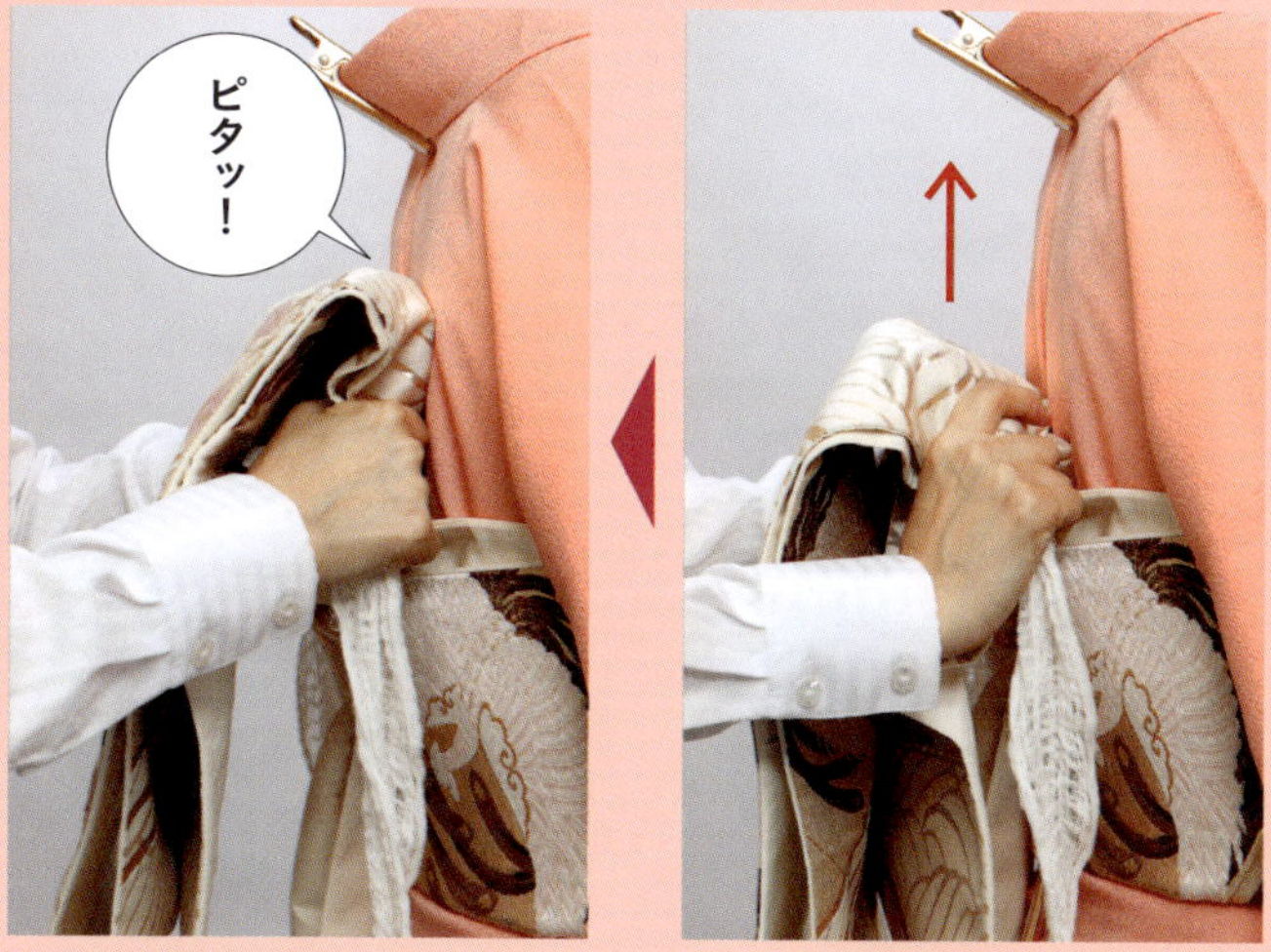

✿帯はひらがなの「こ」の字に

美しいお太鼓は、後ろから見て、帯枕の上下がひらがなの「こ」の字に見えるようなラインです。

POINT!

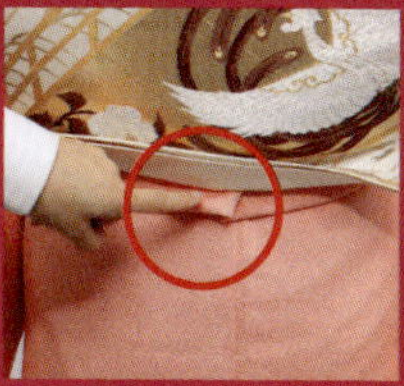

帯に隠れた部分のタックは、体に沿うように見えるのがポイント。

CHAPTER5

着物の魅力をよみがえらせる

古典的な着物、眠っている着物もコーディネートで新鮮な印象に変える

同じ着物でも、小物合わせやヘアスタイルでガラリと雰囲気が変わるのが着物の醍醐味であり、魅力です。お客様のなりたいイメージを理解して、着物をすぐに用意できたり、お客様のご用意された古典的な着物でも、現代風によみがえらせたりするのも着付け師の仕事。お客様の良さを最大限に生かす洗練された和の装いを提案して喜ばれてこそ、プロの着付け師です。

たとえば、代々受け継いできた大切な着物にトレンドの帯結びを合わせてみたり、時代の感覚の色を差し色に使うことで洗練された和の装いを提案するなどです。

新しい発想とオリジナリティあふれるアイデアさえあれば、着物は時代を超えてよみがえらせることが可能なのです。

成人式編

母から受け継がれ、そして娘へつなぐ。
古典柄の良さを残しつつ現代風に

花嫁編

①「ドレス風」に着こなせる
ピンクの打掛で優美な装いに
②「アンティーク打掛」の優美な
センスを斬新な組み合わせで

七五三編

黒の総絞りを品格あるコーディネートで
大人の顔をのぞかせるレディに

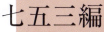

花嫁編 ① ドレス感覚の装い

純白より斬新さを表現できるピンクの色打掛。

色とりどりの小花をあしらった洋髪スタイル。

ブーケを持つことで可愛らしい装いのバランスに。

華麗に咲き誇る花々の祝福に包まれて

赤や黒といったはっきりした色に、金・銀糸をふんだんに使用した色打掛がブームの今、あえてパステル調の淡い色でまとめた斬新な提案をしました。

「ウエディングドレスも着たいけれど、色打掛も着たい」というお客様のために、ドレスのような雰囲気を醸し出すコーディネートをしてみました。ヘアスタイルは、左右アシンメトリーにトップを盛り上げ、小花をたっぷり飾りました。これなら和装と洋装を一緒に楽しむような気持ちになれるのではないでしょうか。

花嫁編 ②

アンティーク打掛

和装ならではの洋髪スタイルは、花かんざしもアンティークに。はこせこのパステルカラーが差し色。

アンティーク衣装だけが持つ優美で気品あるスタイル

鶴が大きく羽ばたき、金色の古典模様は格調高い印象。アンティークの打掛がゴージャスに映えます。伝統的な着物に、花かんざしや現代的なパステルカラーのはこせこと懐剣で、可愛らしいコーディネートに。洋館の式場のしつらいの中にも、雰囲気良く打掛がしっくりと馴染むのは、全体の調和が取れている証拠。また、着物の重厚感に合わせた、洋髪のトップバランスがあります。着物との美バランスを作り出すためにはヘアスタイリングは重要。

和の伝統衣装に洋髪のコーディネート。生花をあしらうことでより豪華に演出。

はこせこなどの小物もアンティークで統一することも。

伝統衣装と現代ファッションを融合した婚礼のスタイリング

金色の空へと大きく羽ばたく鶴が古典的でありながらモダンな表情も楽しめる打掛は、シンプルながらゴージャスな印象。現代色の淡いピンクの懐剣と半衿を組み合わせて、優しくエレガントな演出をはかりました。

ヘアスタイルは花嫁らしい華やかな大振りの花をポイントに置きながら、アンティークもののべっこうのかんざしの一部を組み合わせました。花嫁の格調高さを維持しつつ、小顔な現代女性にもすっきりと馴染みます。

成人式編

成人式の格にふさわしく帯を高めに華やかに。

黒の帯締めを合わせることで洗練されたモダンな印象に仕上げました。

お母様は同系色の帯締め、帯揚げのコーディネート。この頃は前髪を下ろすのが主流。

30年前の着物が小物だけで初々しい印象によみがえる

「いつか娘ができたら着せればいいわよ」と、お母様の成人式のときにおばあ様が言われたそうです。そしてお嬢様にその着物を譲り、その想いを伝えました。紫地の伝統柄はお祝いにふさわしく、古さをまったく感じさせません。お母様の着こなしは同系色の帯締めと帯揚げでキメていますが、お嬢様は少し大人っぽくコーディネートしてみました。

　ピンクと紫の帯揚げのダブル使いや、帯締めを黒系にすることで、すっきり洗練された印象になります。

七五三編

黒、赤、緑の絶妙な組み合わせで大人の雰囲気。

着物の上に袴をはかせて
総絞りの生地で作られたマフラーで可愛らしく。

少女から大人への艶やかさをさりげなく表現

七五三の場合、ふつうは赤、朱色やピンクなどの女の子らしい色を選びがちです。しかし、今回はこの黒の総絞りという渋めの着物をどう蘇らせるかを考えました。

7歳の女の子は、子どもらしさの中に大人へ背伸びをしたいという気持ちを携えているものです。そこで、黒の着物に鮮やかな赤い帯、さらには黒の帯締めを合わせて、端麗な大人の雰囲気にまとめました。

また、七五三スタイルではめずらしい、着物の上から袴をはかせるといった新しい提案も（写真左）。今まで見たことのない斬新なスタイルがよろこばれています。

結婚式編

プロの力を集結して蘇らせた白無垢とドレス

感動のストーリーの裏には、現場で働くスタッフたちの仕事に懸ける想いがあります。

あるお客様のたってのご要望は、

「両親が結婚式を挙げたときに、母が着た白無垢とウエディングドレスで結婚式を挙げたいのです」

とのことでした。

「シンプルなドレスは、とても品があってお似合いになりそうですが、お客様が式を挙げるレストランウエディングに合うようにアレンジしたほうがよろしいかと思います。白無垢も黄ばんでしまっているので、洗い直しから始めましょう」

そう意気込んだ私は、早速ドレスデザイナーと綿密な打ち合わせを重ね、ドレスに今風のモードを感じさせる袖を付け、花で装飾をしてお客様のサイズに仕立て直しました。また、白無垢の染み抜きは、京都の腕のいい洗い張りの方へお願いし、綺麗になった白無垢姿で写真撮影をしました。時間がないなかでの準備でしたが、プロのスタッフの力を合わせて〝世界で一着しかない白無垢とドレス〟を親子２世代で着せて差し上げることができました。

お客様に満足していただける結婚式をするために、ご要望に沿って全力を尽くす。そのためには横のスタッフとの連携が欠かせません。

Part3

ご葬儀編

お悔やみの席の気遣い

着付け師にとって、ハレの日だけが着付けの現場ではありません。悲しみの日の着付けも大切な経験です。

喪主の着付けのときは必ず、斎場に飾られている仏壇に手を合わせてから着付けに入るように心がけています。それは弔いの気持ちはもちろんですが、仏様が喪主とどのような関係かを知った上で、お悔やみの気持ちを接客に反映させるためです。

その日は、20歳の息子様を交通事故で亡くされたお母様の着付けでした。

お母様はやりきれない悔恨の気持ちを話さずにはいられなかったのでしょう。私に息子様が亡くなった事情を話し始めました。かなり長い時間だったと記憶しますが、重苦しい時間がそう感じさせたのかもしれません。他人に見えない場面だからこそ、本当の気持ちがあふれ出てしまったことを拝察するのも着付け師の役目。

「お母様の綺麗なお姿を見られて、天国の息子様はきっと喜んでおられることと思いますよ」

私はこう答えるのが精一杯でした。

悲しみの場面では、その場から逃げるのではなく、心が折れた方に寄り添ってあげるだけでいいのです。そのことに改めて気付かされる出来事でした。

第4章

着付け師として成功するために

着付け師として成功するためには、
今あるものと、今ある状況から、
何を生み出していくかが大切。
常にチャレンジしてこそプロの着付け師として通用します。
たくさんのお客様から学ばせていただいた経験、
そして仲間とのつながりが自らの礎となるのです。

待っている着付け師ではなく活躍できる着付け師に

「着付け」を「仕事」にするために自分の可能性を信じて行動してみる

「待っている着付け師ではなく活躍できる着付け師」は、着付けの仕事だけにとどまらず、自分の行動力で仕事の幅を広げていける着付け師です。

私は着付け師になって30年になりますが、はじめは着付け教室の一《いち》生徒でした。習い始めて7年目を迎えた頃、思い切って着付け師として独り立ちすることを決意したのです。着付け師として仕事をする人の多くは、着付け教室や着付け師を束ねるグループから派遣されます。通常であればそうした組織に所属し、経験を積んだのちに独立するところですが、どこにも属さずにすぐに独立する覚悟を決めたわけです。着付け師として独立する決心をした以上、認められるための戦略を練らなければなりません。

「どうしたら着付け師という仕事を、ビジネスとして昇華させることができるのか」――。そこでまず私が目を付けたのが、BtoB（法人ビジネス）とBtoC（個人消費者向けビジネス）の両方から仕事を作り出すということでした。

ビジネスの多くがBtoBとBtoCに分かれているように、着付けの世界にもBtoBとBtoCがあります。どちらも、お客様に信頼していただければリピートや紹介も期待でき、「あなたにお願いしたい」と手を挙げていただける状況を作り出せます。

早速、私はBtoCとして着付け教室を始めました。そして、BtoBは美容室への営業をかけ始めたのです。当時は、着付けといったら美容室です。インターネットがない時代ですから、一軒一軒美容室をまわって営業するしかありません。

ほどなく、あるチェーン展開している美容室で成人式や婚礼などの一般列席者、七五三などの着付けをさせていただくことになりました。

法人営業で外せない大切な視点は、「お客様の利益に貢献する」ということです。そこには、喜ばれる着付けをすることはもちろん、十分なおもてなしの精神も必要なのです。

美容室で数年間地道に仕事をしていたところ、やがて美容室のパートナーである写真館から「花嫁着付けをお願いできませんか」とのお声がけをいただくことに。それまで美容室では一般着付けがメインだったので、花嫁の着付けについては、着付け教室で学んだ経験があったものの、実践がありませんでした。受けるかどうか悩んだことは記憶に鮮明です。

この突然のオファーを思い切って引き受けたことで、私の着付け師としての仕事の幅がさらに広がっていくことになりました。

このようなチャンスが与えられたとき、皆さんだったらどうするでしょうか。どんなにその道のプロフェッショナルも、「初めて仕事を任された日」があるものです。そこでためらうことなく、自分を信じて行動してみれば、道は開かれていくのではないでしょうか。

そのチャンスを逃さないためにも、いつか訪れる「その日」に備えて幅広く学んでおくことをおすすめします。一般着付けは学んでも、着付けの技術のすべてが凝縮された花嫁着付けはハードルが高いと、学ぶことをためらう人は少なくありません。せっかく着付けの世界に飛び込んだのですから、花嫁着付けまで習得すれば仕事の幅が広がり、活躍の場を増やせるのではないでしょうか。

突然のオファーをきっかけに、着付け師としての自信がついたように思います。

自分を認めることができれば、難しいと感じることも乗り越えていけるのです。

着付け師の仕事の「枠」にこだわらず挑戦することを恐れない

仕事は自分からポジティブに能動的になることで新たな可能性がつかめます。一人のお客様に着付けをするのは、一期一会のご縁であることが多いのですが、お客様との出会いの先に、人生の転機となるような大きな出来事が待ち受けていることもあります。

独立して4～5年目くらいでしょうか、あるケーブルテレビで、浴衣のビフォー&アフターを紹介する番組があり、そこで浴衣を着る女性たちの着付けをする仕事の依頼がありました。そのときはそれで終わったのですが、担当ディレクターからご自分の結婚式のプロデュースをしてくれないかとのお話があったのです。「えっ？　プロデュースを？」と一瞬驚きましたが、気づいたときには間髪いれずに「はい、やります！」と答えている自分がいました。

こうしてウエディングプロデューサーをおおせつかることになったのですが、神社で挙式し、その後、別のレストランへ移動。さらに別の日には結婚パーティも行うという豪華3本立てのビッグイベントです。プロデューサーとは婚礼の全予算を預かりすべての構成を作る人。ただし、私の場合はプロデューサー兼ウエディングプランナー、着付け師も介添えも、撮影指示も一人何役もこなす珍しいパターンです。

通常、結婚式そのものを遂行していくためにはウエディングプランナーが現場指揮官となり、お客様の顔色を見てその場を滞りなく運んでいきます。

そういうと、ウエディングプランナーの仕事は着付け師の仕事とはかけ離れているように思われるかもしれませんが、そのようなことはありません。

なぜならば、ウエディングプランナーの仕事を少しでも経験していると、結婚式全体の仕組みがわかり、式場でのお客様の様子がよくわかるようになります。すると着付け師の仕事だけのときには気づかなかったさまざまなミスに気づくようになり、美容以外のことも、さらには婚礼における美容の位置づけも客観的に見えてくるようになるのです。

もし、着付け師のあなたがウエディングプランナーのような気づきができたら、プランナーが立ち回りやすいように陰で支えるような動きをとれるようになり、結果として現場を円滑にまわしていくキーマンになり、ひいては「気が利く着付け師」として、現場に欠かせない存在になれるはずです。

婚礼の総合プロデュースは、着付け師として技術を落とさず磨いていれば、その他のことは準備段取りさえ整えることでうまくいく可能性は高いものです。

このように、手を伸ばせば届きそうなところに〝婚礼の総合プロデュース〟の目標を設定すると、モチベーションが高まり、今やるべきことも具体的に見えてくるのではないでしょうか。

私は、プロデューサーに必要な資質は、場を偉そうに仕切ることではなく、当日までの段取りをいかに整えておけるかというきめ細やかさに尽きると考えています。婚礼というおめでたい席だからこそ失敗は許されません。新郎新婦にとってはもちろんのこと、招かれたゲストの方々にとって、思い出に残る式にするための覚悟と潔さが必要です。

すべてのイベントが滞りなく終わったその夜、新郎新婦から花束をいただきました。驚き、感服して涙腺がゆるくなってしまいました。そのご夫婦とは、その後もお子様の初参り、五歳の七五三……と人生に寄り添って着付けのお手伝いをさせていただく関係になっています。もちろん、以前からご依頼いただいていたビジネスでもお付き合いが続いています。

プロデューサーに求められる才覚がいくつかあるとしたら、それはいったん引き受けた仕事は最後まで責任を持って引き受け切る力なのです。あなたも目指してみませんか？

時代の流れに柔軟になるとピンチがチャンスに変わる

独立して10年くらいは和装着付けで頑張っていたものの、徐々に洋装スタイルの波に抗えないほどの時代がやってきました。１９９０年代中盤から花嫁着付けのオファーが少なくなっていくのです。その後、２０００年頃からウエディングプランナーの職業がにわかに流行りだし、知人の中にはウエディングプランナーを育成するスクールを経営する方も出てきました。その方から和装部門の講師を依頼されるなど、和装着付けの〝軸〟を固持しつつ、今後どうしたらいいか考えざるを得ない状況になりました。

不況の折にはお金をかけない「地味婚」にするカップルが増えますから、レストランと提携した、レストランウエディングの仕事ができます。ＢtoＢ（法人ビジネス）の営業先をレストランにしてみようと思いついて、独立したときと同じように、一軒一軒営業を始めました。もはや、ライバルは同業他社ではなく、対峙していくのは〝時代〟ではないか、と思い知らされる毎日。いつでも時代に合わせていかないと、置いていかれるだけでなく淘汰されるのです。いかに時代の波を柔軟に乗り越えられるかも、プロの着付け師の見せどころではないでしょうか。

時代が変わったら思い切って、洋装も取り入れる発想が必要です。私も平日はジュエリーの会社に就職し、土日は着付けの仕事にと、割り切った時期がありました。

ドレスのデザインをやりたいと思っていた矢先、勤めていたジュエリー会社の同僚にリカちゃん人形のドレスデザイナーの方がいて、「ドレスのデザインをやってもらおう」と思いつきました。

着付け師という枠にとらわれずに新しい波を察知して、関連するどんな仕事にも興味を見出していく。そうすることで長期的にはその仕事が役立ち、活躍する場が広がっていきます。

この方との出会いをきっかけに、ドレスのデザインの世界にも踏み込んでいくことができたのです。

ドレスのデザインはそれこそ、時代の風や、可能性などをミックスして直感的に発していくことが大事です。ドレスの世界を3年間経験したことで、多彩なデザイン感覚を身につけることができたと思います。また、ドレスに携わったからこそわかったのが、和装の素晴らしさです。晴れ着は、どんなドレスにも勝る存在感があると確信しました。

日本女性の体格に合い、気持ちに寄り添う、一番似合う民族衣装があるということがどんなに心強いことか。時代が変わろうとも、日本人として、場にふさわしいきちんとした着物を着ることに価値観があります。美意識や感性を多くの方に啓発し、日本の伝統技術である着付けの良さを伝えられるのは私たち着付け師しかいません。

着付けという伝統の技を持ちながら経営もしていく――。それは大きな責任を伴うものではありません。ですが、色打掛という言葉の美しい響き、洋装にはない豊かな色彩、意匠に込められた世界感……そのような着物と共に生きていける着付け師という仕事は、この上なく幸せな職業です。

他のジャンルからも知識や技術を吸収すると、本業の力量が自然と高まります。

着付け師にも求められるプレゼン能力とは

ここまで読み進める中で、「待っている着付け師」ではなかなか活躍できないことがおわかりいただけたのではないでしょうか。それでも、中には着物を着せることだけが好きな方や技術者でありたいと思う方もいらっしゃいます。無理におすすめするわけにはいきませんが、技術が確かであればあるほど、与えられたチャンスを最大化するために、これまでよりもいい仕事をすることを心がけていただきたいと思います。

一方、考える着付け師として活躍していきたい方は、現場でのさりげないプレゼンテーションは欠かせません。そこから得られる結果や効果には何倍もの差があるからです。

過去にはこのようなことがありました。雑誌やTVなどメディアの仕事を請けるようになると、タレントや著名人の着付けも増えてきます。タレントの着付けの場合、衣装はスタイリストが全部用意しますので、着付け師は着せ付けるだけです。ですが、スタイリストが全員「和装」の知識があるとは限らないのです。用意されたはこせこや半衿などが、よく見ると七五三のものだったりします。そのようなときは、「可愛いですね、でもこういうものはどうですか？」と幼児用であることをさりげなく説明して代案を示します。大切なことは、スタイリストが用意したものは尊重し、番組や媒体が求めているものを的確にお教えすることです。要は、コミュニケーションのとりかた一つで、押し付けにならずに伝えられ、「和装について頼れる存在」をプレゼンできるのです。また、着物の価値観を伝えられる着付け師になることも大切です。衣装屋や呉服屋との連携を持っていれば、お客様に衣装をプレゼンする着付け師になれます。和装はさまざまな衣装があるので見極めは必要です。お客様に合ったコーディネートを提案できるかどうかも衣装一つで変わるからです。

前述したように、婚礼の現場ではプランナーを助けていくことも〝自分プレゼン〟です。美容部門というのは新郎新婦と列席の方々に携わる存在ですが、そこに改善点があればどんどんプランナーに進言していくのです。

プレゼンができることで、単なるパーツで着物を着せ付ける「着付けさん」ではなく、全体を把握しながら婚礼を作っていく大切な存在になり得ます。そうした中から次のビジネスの発想が出てくるものですから、常にプレゼンをすることを頭のどこかにしまっておきたいものです。

資金がなかったら斬新なアイデアで勝負する

なにかを成し遂げるとき、ネックとなるのが資金面でしょう。お金は重要ですが、工面が難しいのなら、自分の力で進み、〝ビジネスを生むアイデア〟を考えればいいのです。たとえば、着付け師をしていくためにはスタッフが必要。であればスタッフをアルバイトで雇うのではなくプロを育成しよう、と考えるのです。なぜプロなのか？　前述してきたようにプロは仕事の幅を広げていけるので、結果的には一緒に大きな仕事を生めるのです。

また、ビジネスにするという発想でいく場合、それぞれの結婚式場によって客層やスタイルが違うことに気づけば、「ここに人を呼ぶためにはどういうストーリーが必要だろうか？」と考えます。富裕層が集まる式場であれば、上質なサービスと上質な衣装が必要で、事前打ち合わせや、仮の衣装合わせを綿密にすることで確実にお客様として迎え入れられる仕組みを作ろうと考えます。事前打ち合わせで、当日と同じしつらいの中、衣装をお召しになっていただければ、結婚式当日のイメージを持っていただけます。さらにポートレートを作って差し上げれば、スマホでご両親にすぐ伝えられるなど。いつでも頭をフレキシブルに働かせていればアイデアはたくさん出てくるはずです。

以前に、こんなこともありました。「ペットのドレス」と「ペットと婚礼」などを仕掛けたらどうだろうかと思いつきました。これを親しいPRの専門家に相談したらプレスリリースで発信すればよいと言われ、新聞社や雑誌社、企業などにニュースリリースの形に仕上げ、一斉配信しました。するとどうでしょう、大反響でしばらく電話が鳴り止まなかったのです。私はよくアイデアをビジネスに転換できないかという視点を持つようにしています。着付け師でもできる人が少ない花嫁着付けや、衣装も年代物のアンティーク着物に目を付けるなどして、仕事の幅を広げてきました。

皆さんもできることからやってみてはいかがでしょうか。

和婚の魅力を伝えるために プロの着付け師がやっていること

着付け師として、ある程度活躍できるようになると成長がストップしてしまう方がいます。そのような方には和婚での経験を増やしていくことをおすすめします。和婚に携わっていると、晴れの礼装がいかに心を尽くして祝福の精神を表現する装いであるかを学びます。すると、もっとこの世界をお教えしたい、お伝えしたいという気持ちが生まれてくるものです。しきたりの内に潜む和の精神性に触れ、和の美と共に着付け師として成長していけるのです。

先に述べましたように、一つの婚礼の仕事をすれば、さまざまな業種が携わります。そこで出会った横の広がりをふくらませていくことで、ビジネスはどんどん広がりを見せていくものです。私の場合、着付け師だけでなく、プランナー業、プロデューサー業を手がけることで、仕事のスケールを広げてきました。その結果、今では経営者としてさまざまな資源を組み合わせ、より多くのスタッフやプロフェッショナルと共に一人ではできなかった邸宅ウエディングのプロデュースを展開し、和婚の魅力を発信しています。

プロの着付け師の皆様には、着付ける仕事と両輪で、まずは多くの人たちに和婚の素晴らしさを伝えていっていただきたいと思います。たとえば、「今、着物の世界は動いている」と感じたら何が求められているのか、具体的なエッセンスを取り入れ、広告や雑誌媒体、イベントという形で魅力的に発信するなど、できることがあるはずです。

着付け師として、和装のコーディネートにこだわりを持っていくのも大切です。着物は洋装と違って定型ですから、イメージを作るのは色であり柄。特に古典柄は長い時を経て磨かれ、洗練された柄の重みを感じます。その優雅で上品な美しさを活かしつつ、新しい感覚を入れてみませんか。

世界が日本文化に敬意を抱く今、和装の文化を着付け師からもっともっと発信していきたいものです。

そのためにも、周囲のクリエーターたちと、新しい美についてストイックなまでに〝仕事の品質〟という一点で深く響き合う、そんな関係性を作っていくことが大事ですね。

私の場合は、新しいエッセンスをつかんだ瞬間、時代のニーズをまっとうしようと思います。そのために、「次は何しようかな、次はどうやって伝えていこうかな」と常に考えています。

「プロの着付け師」には経営マインドも必要

着付け師としての技術は着付けをすればするほど上がっていきますから、現場での仕事を精一杯こなすことです。

経営として続けていくポイントは、お客様に対して思っている以上のことをして差し上げてください。いつもお金をいただいて何で返せるか？　と考えます。私たちはサービス業なのでどれだけお客様の満足いくサービスができるかを考えます。決して、値引くことがいいことではありません。値段以上の満足をしていただくのが仕事の成功です。ただし、予算を割ってはいけません。トントンの気持ちでいることが、それ以上の大きな仕事につながる秘訣かもしれません。

いつも「ありがとうございます」と言われる仕事をしていくことを目指しましょう。

これは、どのような職業でも言えることではないでしょうか。自分の創り出す仕事に情熱を持ち、ビジネスにかかわる人の無限の情熱と才能を引き出して組み合わせる——。そのような経営マインドを持ち合わせていくことも「プロの着付け師」には必要な能力です。

着付けは一生の仕事にする価値がある

今、着付け師の仕事をしている方、これから着付け師を目指そうと思っている方に〝プロ〟の着付け師の魅力をお伝えしてまいりました。

もし、あなたが現在の自分に満足しておらず、自分らしく生きていきたいと自分探しをしているのなら、いったん、自分の状況を俯瞰してみてはいかがでしょう。

あなたの限界を決めているのはあなた自身の心であることに気が付きませんか。

着付け師を目指すのなら、自分の仕事をクリエイティブに捉えて〝魅せる力〟〝技術力〟〝現場力〟〝マナー力〟〝人間力〟について少しだけ意識してみてください。

どのくらい本気でそのお客様の人生に沿い、想いを馳せられるかが重要です。

お客様への付加価値を生み出していくことで、単なる着付けをしておしまいではなくなるほど、意義のある仕事だということに気が付くのです。

着付け師の役割というのは、お客様へ着付けた後、その先の高揚感まで得ていただく行為です。そうなることで、「またこの人に着付けを頼んでみたい」と思われるようになっていくでしょう。

もし、あなたがプロフェッショナルな着付け師を目指していくのなら〝着せるだけの着付け師〟から〝頼れる着付け師〟を目指しましょう。着物を着付ければ終了、というその場限りの着付け師ではなく、一人ひとりの想いに応えようとする心ある着付け師に。要するに〝マンツーマンの一流になる〟ということなのです。

それは、人が誰しも持っている〝特別な存在になりたい〟〝大切に扱われたい〟といった無意識の願望に応える着付け師ですから。

着付け師は、表現者として美しい着付けを感動としてお届けし、お客様の人生の門出に寄り添っていく素晴らしい職業です。お客様によろこばれるだけでなく、自分までも輝いていけることがこの仕事の醍醐味です。

これまでの古い〝着付けさん〟を卒業して〝プロ〟の着付け師を目指すのなら、それは、きっと一生の仕事になっていくことでしょう。

おわりに

本書を執筆するにあたって、「着付け師の原点ってなんだったんだろう」「なぜ着付け師をしているのだろう」と、その根本を探っていく旅路に出ざるを得なくなりました。

私は着物を着るのが好きで着付け師になったわけではありません。両親が大阪で呉服問屋をしていたので、幼い頃から着物が身近にあり、着物というのは、「四季折々の美しい自然を愛でる、それを取り入れながらできたもの」、そんなふうに感じながら暮らしていたように思います。それから数十年、着付け師として仕事に没頭していくなかで、無意識のうちに、着物は自分にとってかけがえのないもの、と変化していきました。

有名老舗百貨店の呉服サロンで、文化遺産に匹敵する素晴らしい着物を観ることがあ

ります。いわゆる観賞用の着物ですが、自分が着たいと思うよりも、

「あぁ、どなたかに着付けたい」

と思わず言葉を漏らしてしまいました。これが着付け師たる所以かもしれません。本能がうずくというか、血が騒ぐ……そのようなときがあるのです。着物が好きで着付け師になったのではなく、本当に着付けることが好きなのだと実感する出来事でした。着付けというのは、自分の手で一枚一枚着付けていく達成感とそれを喜んでくださるお客様がいて、このお互いの重なり合った喜びこそが醍醐味なのです。

私はいつから、こんなにも着付け師という職業に魅了されていったのでしょうか？

小学3年生ぐらいから中学2年生までの長きにわたって、友だちと遊んだ記憶がありません。内向的で自分に自信がなく、いつもおどおどした子どもでした。友だちから関心を持たれたくないあまり、いつでも下を向いて歩き、廊下でも端っこのほうを歩いて、目立たないようにしていました。そんなふうでしたから、友だちができるはずがありません。

学校から帰ってきても両親は仕事で忙しくしていましたし、兄弟はいませんでしたから家で独りぼっちで遊ぶ毎日です。当時流行していたリカちゃん人形だけが唯一の友だ

ちといってもいいでしょう。それぐらい孤独な、暗い幼少期を過ごしていました。

そんな少女が中学3年生で情熱と理解力のある担任の先生との出会いによって、心を開くことができ、変わっていくのです。高校に入学し、演劇部を作り、私が脚本を書き、その演劇部が近畿大会で優勝するという成功体験を踏むのです。おそらく、そこからの人生は今まで内に秘めていた〝表現したい自分〟が噴き出るように放出したのではないかと思います。これは、自分の欲求が満たされただけの満足ではなく、自分と仲間の欲していたことが重なり合って、より大きなパワーが生まれた、そんな素晴らしい体験でした。

これこそが私の着付け師への原点ではないかと思います。

一人では人は生きていけない。多くの仲間がいて支えられている。

「とにかく仲間の希望を叶えたい」

その気持ちを持ち続け、着付け師になっても常に、

「お客様の願いを叶えたい」

と向き合ってきたのだと思います。お客様にどれだけ美しい着付けをして感動を届けられるか、どれだけ相手の人生に関わることができるか。これは着付け師として、表現者

としての使命だと思ってきました。

お客様によろこんでいただくということは、自分一人では味わうことができない豊かなよろこびを得るということです。着付け師にとってこのような経験は、とても大事なことではないでしょうか。

もし、あなたが今の自分に満足していなくて、自分の人生はこれくらいのものだと諦めかけているとしたら、それは非常にもったいないことです。ほんの小さなきっかけと気付きがあれば人生は驚くほど変わります。「誰かをよろこばせよう」と思って行動に移したならば、人は変われるということをお伝えしたいと思います。

帰省した折に、そうした思いの原点ともいうべき、私の幼少期の思い出が見つかりました。今は亡き母が端切れを使って私に作ってくれたリカちゃん人形の着物や帯がたくさん。ふくら雀やお太鼓を包装紙で作ってリボンで帯締めまで付けているではないですか。まざまざとよみがえってきた私の原風景。幼い頃、独りぼっちで作りあげていた世界が、愛おしく感じられます。

人は変われる。あの内気な少女が今こうやって自分の足で立って着付け師を生業《なりわい》として後進を育てているのですから。

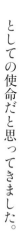

あなたは、これまで心のどこかで、

「自分は一生の仕事を持てるタイプじゃない、自分にはそんな才能はない」

と感じてはいませんでしたか。

ぜひ、プロの着付け師に興味を持ったならば、自分の仕事や自分の人生の中にある可能性にチャレンジしてみてください。

着物を愛する人、着付けを愛する人が、日本中に広がっていくことを願っています。

幼い頃に遊んだリカちゃん人形たち、ハウスも当時のもの。母が作ってくれた着せ替え用の着物やバッグ。着物は傘用や洋服用の端切れなど。バッグは父が吸っていた、たばこのパッケージで。和柄風のパッケージだったのでぴったりでした。

最後に今回の出版にあたり快くご協力いただきました
お取引先様はじめ素晴らしいアーティストの皆様、
スタッフの皆様、出版社の皆様、本当にありがとうございました。

撮影／武内俊明、五十嵐和則
ヘアメイク／永塚克美・伊藤水希（HEADS）、知久亜矢子、久保りえ、岩下倫之
衣装／株式会社モリノブライダルサロン、丸栄貸衣裳店、ブライダルハウスTUTU、TAKAMI BRIDAL
振り付け／中島昭友・藤田幸（ストーリーテラー株式会社）
ネイル／Nails Nakasone
装丁／MORNING GARDEN INC.
構成／岡めぐみ、高谷治美

着付け師・ウエディングプランナー

杉山《すぎやま》 幸恵《さちえ》

着付け師歴30年。これまでに1万件以上の着付けを手がける。

奈良県出身。野村證券株式会社でOLを経験後、着付け教室で着付けを修得し、講師・着付け師のキャリアを積む。独立後、さらに着付け技術を研究し「現場で即戦力となる着付け師を育てる」ことを目的としたカリキュラムのスクールを開講。2007年に株式会社アントワープブライダルを設立。

現在は「晴れの日の上質」をコンセプトに、年間600件以上の一般着付け・婚礼着付け、ウエディングプロデュースを手掛ける。また、着付け師・ヘアメイクスタッフの派遣、着付け師育成スクールを行う傍ら、他業種などへ「顧客コミュニケーション」セミナーを実施。2013年、90年以上の歴史ある邸宅で、大人ウエディングを叶える会場「ラッセンブリ広尾」をオープン。

着付け師という仕事　改訂版

2016年11月10日｜第1刷発行

著者｜杉山幸恵
発行人｜久保田貴幸

発行元｜株式会社 幻冬舎メディアコンサルティング
〒151-0051 東京都渋谷区千駄ヶ谷 4-9-7
電話 03-5411-6440（編集）

発売元｜株式会社 幻冬舎
〒151-0051 東京都渋谷区千駄ヶ谷 4-9-7
電話 03-5411-6222（営業）

印刷・製本｜瞬報社写真印刷株式会社

検印廃止

ISBN978-4-344-91042-3　C2095
幻冬舎メディアコンサルティングHP
http://www.gentosha-mc.com/